책
쓰는
책

읽기만
하면

누구나
책을
쓸 수
있는

김경윤 지음

책

쓰

는

책

odos

집을 짓듯이 책을 써라

자, 우리 책을 씁시다. 내가 이렇게 말하면, 같이 글공부
하는 사람들은 고개를 절레절레한다. 아직 글도 한 편 제
대로 써본 적이 없는데 언감생심 책이라뇨 하면서. 그러
면 나는 더욱 힘주어 말한다. 책을 써야 합니다. 글도 책
을 쓴다는 마음으로 써야 합니다. 이렇게 말해도 의심하
는 사람들에게 에피소드 하나를 소개한다.

세 명의 벽돌공이 부지런히 벽돌을 쌓고 있었다.
지나가던 어떤 사람이 그 벽돌공에게 물었다.
"무엇을 하고 있습니까?"
첫 번째 벽돌공이 이렇게 대답했다.

"벽돌을 쌓고 있습니다."

그 사람은 두 번째 벽돌공에게 물었다.

"무엇을 하고 있습니까?"

그러자 두 번째 벽돌공이 대답했다.

"나는 일당을 벌고 있소이다."

마지막으로 세 번째 벽돌공에게 같은 질문을 던지자, 그는 이렇게 대답했다.

"나 말입니까? 나는 지금 최고의 성당을 짓고 있습니다."

눈치 빠른 독자들은 내 말의 의미를 금방 파악할 수 있을 것이다. 세 명의 벽돌공은 똑같은 일을 하고 있었지만 전혀 다른 대답을 했다. 마음가짐이 달랐기 때문이다. 한 사람은 그저 일을 한다고 생각했고, 다른 사람은 일당을 벌고 있었다. 마지막 사람만이 벽돌을 쌓는 이유와 목표를 알고 있었다. 그는 벽돌을 쌓아 성당을 짓고 있었던 것이다.

위의 에피소드는 데이비드 슈워츠가 쓴 책 『크게 생각할수록 크게 이룬다』의 내용을 변형한 것이다. 이 책의 부제는 '리더의 자기 암시법'이다. 나는 '리더'의 자리에

'저자'를 넣어보라고 말한다. 무릇 글을 쓰는 사람은 저자가 되고자 해야 한다.

작가(作家, writer)가 '글'을 쓴 사람이라면, 저자(著者, author)는 '책'을 쓴 사람이다. 작가가 쓰는 글이 '벽돌'이라면, 저자는 그 벽돌을 쌓아 '책'을 완성하는 사람이다. 책을 쓰면 저자가 된다. 저자라는 말은 영어로는 '오서(author)'인데, 여기에서 '권위'를 뜻하는 '오서리티(authority)'라는 단어가 파생되었다. 자신의 이름이 박힌 책을 쓴다는 것은 그만큼 권위가 인정된다는 것이다. 책을 써본 사람이라면 누구나 느끼듯, 책을 쓰기 이전과 책을 쓰고 난 뒤의 삶은 많이 다르다. 예상하지 못했던 수많은 기회들이 저자에게 다가온다.

작가(作家) = writer : 글을 쓴 사람
저자(著者) = author : 책을 쓴 사람
▼
authority 권위

저자는 책을 쓰지만, 책은 저자를 만든다. 책을 통해

이전과는 다른 삶이 펼쳐진다. 책이 팔려 수입이 들어오고, 책을 통해 독자들과 만나고, 책에서 다룬 내용으로 강연을 할 수 있으며, 또 다른 책을 쓸 수 있는 좋은 조건이 형성된다. 첫 책을 쓰기가 어려워서 그렇지 일단 써보면 두 번째, 세 번째 책을 쓰는 것은 한결 수월해진다.

이 책은 출판사와 계약을 맺고 책을 내는 상업용 출판을 염두에 두고 썼지만, 반드시 상업용 출판을 염두에 두고 책을 쓰라는 이야기는 아니다. 책을 쓴다는 것은, 그 자체로도 자신의 성장에 엄청난 발전을 가져온다. 단편적인 생각들을 모아 유기적으로 구성하는 방법도 알게 되고, 자신이 진짜로 알고 있는 것이 무엇인지, 모르는 것은 무엇인지 깨달을 수도 있게 된다. 그리고 단편적인 생각이 아니라 더 큰 시각으로 자신의 생각을 펼치는 능력을 기를 수 있게 된다. 책을 쓴다는 것은 자신의 삶의 단단한 매듭들을 만들어가는 것이다. 매듭이 있는 삶은 쉽게 미끄러지지 않는다. 그리고 그 매듭이 발판이 되어 더 높은 경지에 오를 수 있게 된다.

이 책의 목표는 오직 하나이다. 당신 스스로 당신의 책을 쓰는 것이다. 그렇게 쓴 책이 좋은 출판사를 만나

정식으로 출판되면 더없이 좋은 일이고, 설령 이번에 쓴 책이 출판되지 않더라도 당신은 엄청난 성장을 이룰 수 있을 것이다.

그러니 글을 쓰고 있는 그대여, 지금 책을 써라. 책을 써서 손해 볼 것은 아무것도 없다. 책을 쓰는 과정이 즐겁기만 하다고 거짓말하지는 않겠다. 글을 쓰는 것과 마찬가지로 책을 쓰는 것은 어렵고 힘든 일이다. 도중에 그만두고 싶을 때도 많고, 책을 쓰지 못하는 이유도 수없이 많이 만들 수 있다. 무덤에도 핑계가 있다는데, 삶이야 핑곗거리가 얼마나 많겠는가.

하지만 모든 핑계를 뒤로한 채 쉬지 말고 책을 써라. 이 책은 책을 쓰는 당신을 응원하고, 책을 쓰는 이유와 책을 쓰는 방법을 당신과 나누기 위해서 쓴 것이다. 나는 이미 스무 권 넘게 책을 쓴 인문학 작가이다. 나는 이 책을 통해 나의 모든 노하우를 여러분에게 전달하고자 노력할 것이다. 그렇게 노력하는 과정에서 나는 또 성장할 것이다. 그리고 이 책을 읽고 용기를 내서 책을 쓰는 사람 역시 반드시 성장할 것이다. 그런 점에서 나와 당신은, 책을 쓴다는 목표를 가지고 같은 길을 걸어가는 길동무이다. 불가(佛家)에서는 이러한 길동무를 도반(道伴)이라고 한다. 이제 여러분과 나는 도반이다. 학생과 선생이 아니라 친구로서 우정을 나누며 힘든 길을 같이 가자. 나와 여러분을 응원한다.

목차

CHAPTER 3

책 쓰기와 글쓰기는 완전히 다르다

 CHAPTER 4

문장이 아니라 책의 구조를 만드는 일상 루틴

CHAPTER 5
단계별 책 쓰기 실전 노하우

CHAPTER
1

내 삶의 주인으로 사는
최고의 방법, 책 쓰기

민주주의 사회에서는
특별하지 않은 보통 사람들이
자신의 생각을 말하고 써야 한다.
아니 역으로 보통 사람들이 자기
생각을 당당하게 말하고 글로 쓸 수 있을 때
민주주의가 실현된다.
우리의 역사는 우리가 써야 한다.
당신의 역사는?
당연히 당신이 써야 한다.

나는 내 인생의 주인인가?

지금은 누구나 말하고 글을 쓰는 시대이다. 이러한 시대정신의 밑바탕에는 민주주의가 자리 잡고 있다. 민주주의는 '국민이 권력의 주인이라는 사상'이다. '국민'이란 추상성이 높은 말이니 좀 더 구체적으로 그 자리에 '나'를 넣어보자. 그러면 이렇게 된다. 나는 권력의 주인이다. 과연 그러한가? 나는 과연 권력의 주인인가? '권력'이란 말이 거창하다면 그 자리에 '나의 삶'을 넣어봐도 된다. 나는 나의 삶의 주인인가? 아마도 이 질문은 이 책전체를 관통하는 질문이 될 것이다. 그러니 성급하게 답을 내리지 말고 질문을 안고 가자.

한편 누구나 말하고 글을 쓰는 시대를 더욱 가속화한

내 삶의 주인으로 사는 최고의 방법, 책 쓰기

것은 분명 인터넷 환경이다. 인터넷은 우리네 삶에 실핏줄처럼 퍼져 있다. 내 몸에 피를 돌게 하는 것이 혈관이라면, 인터넷은 내 삶에 정보를 돌게 만드는 인공 혈관이다. 우리는 인터넷이 없으면 하루도 못 살 것처럼 살아가고 있다. 그리고 그 인공 혈관을 우리 삶에 딱 붙여놓은 것이 스마트폰이다. 스마트폰은 우리에게 끊임없이 정보를 제공해주는 인공 심장이다. 깜빡하고 스마트폰을 안 가지고 외출한 날이면 우리의 심장은 불안으로 두근거리고, 우리의 뇌는 피를 공급받지 못한 것처럼 어질어질하다. 우리는 우리 손에 심장을 하나 더 갖고 살아가는 셈이다.

> **심장 — 혈관 — 피**
> **스마트폰 — 인터넷 — 정보**

지금은 인터넷 환경이 너무도 자연스럽지만 이러한 환경은 20세기 말에나 시작된 것이다. 인터넷이 없던 시절에는 TV나 라디오, 신문이나 잡지, 책을 통해서 정보를 얻어야 했다. 라디오가 인류에게 보급된 것은 제2차

세계대전 무렵이었고, TV는 그보다 훨씬 늦게 보급되었으니, 20세기 이전에는 입소문이나 글자 매체를 통해서만 정보를 얻을 수 있었다. 그러니까 인류가 지금과 같이 정보의 홍수 속에서 살게 된 것은 한 세기도 채 되지 않은 일이다.

최초의 인류는 지금처럼 정교한 언어 체계를 갖지 못한 채 뭇짐승과 다름없는 삶을 살았다. 육체적 조건으로만 치자면 아마도 먹이사슬의 중간 아래쯤에 위치하며 불안하고 위태로운 삶을 살았을 것이다. 인류가 먹이사슬의 중간에서 최상위로 올라설 수 있었던 결정적인 원인을 역사가는 언어의 발명이라고 말한다. 직립과 도구의 이용, 불의 발견도 중요했지만 인류를 다른 생명체와 결정적으로 다르게 만든 것이 언어였다.

인류 최초의 언어는 짐승의 언어와 비슷해서 눈앞에 보이는 정보를 서로 교환하는 몸짓과 괴성에 가까웠을 것이다. 그러다가 우연한 진화론적 비약으로 인간은 짐승과는 다른 사고방식과 의사소통 방식을 갖게 되었다. 이는 혁명적 변화였다. 이를 인지혁명이라 한다. 유발 하라리는 『사피엔스』에서 이렇게 표현하였다.

"인지혁명이란 약 7만 년 전부터 3만 년 전 사이에 출현한 새로운 사고방식과 의사소통 방식을 말한다. 무엇이 이것을 촉발했을까? 우리는 잘 모른다. 가장 많은 사람들이 믿는 이론은 우연히 일어난 유전자 돌연변이가 사피엔스의 뇌의 내부 배선을 바꿨다는 것이다. 그 덕분에 전에 없던 방식으로 생각할 수 있게 되었으며 완전히 새로운 유형의 언어를 사용해서 의사소통을 할 수 있게 되었다는 것이다."

‑ 〈사피엔스〉(유발 하라리 저, 김영사)

인류는 인지혁명을 통하여 보이는 것뿐만 아니라 보이지 않는 것도 상상력을 통하여 언어로 만들어냈다. 과거의 삶이 언어를 통해 기억되었고, 전설이나 신화, 종교적 이야기가 이때 등장하였다. 인류는 언어를 통해 더욱 긴밀히 단결할 수 있었고, 더 큰 규모의 집단을 형성할 수 있었으며, 수많은 사람과 협력할 수 있게 되었다. 작은 집단을 이루고 이동하면서 수렵과 채취를 통해 살아가던 인간은 대규모 단위로 모여 정착했고, 자신에게 쓸모 있는 동물을 가축화했으며, 농업을 통해 정착 생활의 기초를 마련하였다. 이 시기에 말은 탄생했지만, 아직 글은 탄생하지 않았다.

글이 탄생하려면 말이 시작된 7만 년 전 이후로 6만 5천 년은 더 흘러야 했다. 기원전 3000년경에 최초의 문자인 쐐기문자가 탄생했다. 글(문자)은 말의 머나먼 후손이었다. 그러나 말과 글에는 공통점이 있다. 역사적으로 볼 때 말과 글의 주인은 지배계급이었다. 사실 역사에 대한 기록 역시 글을 쓸 줄 알았던 극소수 사람의 역할이었다. 그러니까 말과 글은 모든 사람에게 평등하게 주어진 것이 아니라, 지배계급을 포함한 소수의 사람만이 누릴 수 있는 특권과 같았다. 특히 글은 더욱 극소수의 것이었다.

내 삶의 주인으로 사는 최고의 방법, 책 쓰기

내 말을 할 수 있다는 것

책을 쓰자는 책을 쓰면서 왜 이렇게 멀리까지 돌아가는지 의아해하는 독자를 위해 힌트를 주고 이야기를 끌어가야겠다. 앞서 우리는 '나는 나의 삶의 주인인가?'라는 물음을 던졌다. 이 질문이 왜 중요하냐면, 책을 쓰는 것은 내 삶의 주인이 자신임을 밝히는 행위이기 때문이다. 그러니까 삶의 주인이 되려면 자신이 쓰는 언어의 주인이 되어야 한다. 이야기는 그렇게 흘러간다.

말이 나온 김에, 언어 이야기를 좀 더 끌고 가보자. 언어 행위는 크게 네 가지가 있다. 듣고, 말하고, 읽고, 쓰는 것. 이를 사분면으로 나눠보자.

듣기	말하기
읽기	쓰기

| 수동적(외부 → 내부)
1차적 | 능동적(내부 → 외부)
2차적 |

언어 사용에 있어 최초의 행위는 듣기이다. 듣지 못하는 사람은 말하지도 못한다. 태아는 배 속에 있을 때부터 엄마의 목소리를 듣고 자란다. 모국어(母國語, mother tongue)란 말이 괜히 생긴 게 아니다. 말에서 듣기는 1차적이다. 말하기는 듣기를 전제로 한 2차적 언어 행위이다. 말하기와 듣기가 원활하게 이루어지는 것을 의사소통이라 한다. 사랑과 우정의 말은 평등한 관계 속에서 형성되는 것이다.

말하고 듣는 관계가 불평등하다면 거기서는 사랑과 우정이 아니라 권력이 형성된다. 일방적 말하기는 의사

내 삶의 주인으로 사는 최고의 방법, 책 쓰기

소통이 아니라 권력 행사이다. 거기서는 사랑과 우정이 싹트는 것이 아니라 명령과 복종이 생겨난다. 말하지는 못하고 듣기만 한다면 노예나 다름없다. 말을 하더라도 들을 말만 반복한다면 그 역시 노예와 같다. 말의 주인이 되려면 남의 말을 전하는 것이 아니라 자신의 말을 꺼낼 수 있어야 한다. 민주주의 사회는 권력자의 말을 반복하는 것이 아니라 국민 개개인이 자신의 말을 할 수 있는 사회이다.

글도 마찬가지이다. 글과 관련된 최초의 행위는 읽기이다. 문자를 읽을 수 없는 것을 문맹(文盲)이라 한다. 글자를 모르면 글 앞에서 눈 뜬 장님이다. 문자를 읽을 수 있더라도 실제로 글의 의미를 파악할 수 없다면 그는 실질적으로는 문맹과 같다. 우리나라의 경우 문자를 읽을 수 있는 능력은 거의 100퍼센트에 가깝지만, 그 의미를 파악하는 실질적인 문해력은 OECD 국가 중에서 최하위에 머물러 있다. 문맹률은 1퍼센트에 가깝지만 실질 문맹률은 75퍼센트에 이른다. 열 명 중 적어도 일곱 명 넘는 사람이 글을 읽고도 무슨 뜻인지 모른다는 말이다.

살면서 자연스럽게 익히게 되는 말과는 달리 글의 습

득에는 특별한 훈련이 필요하다. 조선시대에 글을 배우는 것은 양반의 특권이었다. 여성과 평민은 글을 배울 수 없었다. 이는 한글(훈민정음)이 창제되고 나서도 마찬가지였다. 한글은 양반층의 언어가 아니었고, 계속 천시되었다. 관직에 나가려면 한글이 아니라 한문을 제대로 사용할 줄 알아야했다. 그렇게 지배층은 글자를 지배했던 것이다.

시절이 변하여 이제 우리나라에서 통용되는 언어는 한글이다. 그리고 한글은 쉽게 습득할 수 있는 과학적인 문자 체계를 가지고 있다. 초등학교만 졸업해도 한글을 읽는 데는 어려움이 없다. 그래서 문자를 읽는 것이 불가능한 한국인은 거의 없게 되었다. 하지만 거기까지다. 자발적으로 문자를 읽고 해석하려는 사람은 아주 드물다. 이것이 문맹률과 실질 문맹률의 격차를 낳은 것이다.

자발적으로 글을 읽는 것에 익숙하지 않은 사람이 자발적으로 글을 쓸 리가 없다. 남이 쓴 글을 읽으려고도 하지 않는데, 자신의 글을 쓸 수는 없는 것이다. 쓰기는 읽기를 전제로 한다. 읽기가 1차적이고 쓰기가 2차적이다. 읽기 없는 쓰기는 없다.

말의 영역에서도 불평등은 확인되지만, 글의 영역에

서는 불평등이 더욱 심화되고 있다. 특정한 사람만이 글을 읽고, 더 소수의 사람만이 글을 쓴다면 글의 영역에서 민주주의는 결코 오지 않을 것이다. 민주주의 사회는 특정한 사람만이 글을 쓰고, 소수의 사람만이 글을 읽는(이해하는) 사회가 아니라 국민 개개인이 활발하게 글을 읽고, 자신의 생각을 글로 표현할 줄 아는 사회여야 한다. 이것이 내가 말하는 언어의 민주주의다.

프로와 아마추어의
진짜 차이

언어의 민주주의를 위해서는 언어의 사분면에 해당하는 행위를 잘 해야 한다. 잘 듣고, 잘 말하고, 잘 읽고, 잘 써야 언어의 민주주의가 활성화되는 것이다.

그런데도 쓰기가 특정한 능력을 갖추고 있는 사람이 하는 행위라고 생각하는 사람이 많다. 특히 작가는 전문적으로 글쓰기를 배운 사람이거나 심지어 천재여야 한다고 생각하는 사람도 있다. 과거에는 맞는 말이었지만 지금은 틀린 말이다. 그때는 맞고 지금은 틀리다. 물론 전문적인 영역의 글은 전문적인 지식이 필요하다. 하지만 이제는 전문적인 지식조차도 쉽게 배울 수 있는 환경이 조성되었다. 아마추어도 이제 얼마든지 전문적인 글쓰기를 할 수 있다. 학위가 없을지라도 전문적인 지식을 언제든, 얼마든 배울 수 있다. 책으로도 배우고 인터넷을 통해서도 배울 수 있다. 열정만 있다면 말이다.

사실 프로페셔널과 아마추어의 어원을 생각해보면, 전문적인 지식과는 아무런 관련이 없다. 프로페셔널(professional)의 어원은 고대 프랑스어 '프로페스(profess)'에서 비롯되었다. 고백하다, 공표하다, 라는 말이다. 한편 아마추어(amateur)의 어원은 라틴어 '아마토르(amator)'에서 유래한 것이다. 뜻은 '사랑하는 사람'이다. 말뜻만 놓고 보자면 프로페셔널보다 아마추어가 훨씬 삶의 주인에 가깝다. 아마추어는 돈을 받지 않아도 그 일을 사랑해서 하는 사람이라면, 프로페셔널은 돈을 받아야만 그 일을 하는 사람이기 때문이다.

이해타산적이고 자신만의 영역에서 돈을 버는 프로페셔널보다 삶에 호기심이 많고 자신이 좋아하는 일이라면 이해타산을 따지지 않고 연구하는 아마추어의 정신이야말로 민주주의에서 필요한 정신이다.

- **프로페셔널**(professional)
  : 돈을 받아야 일을 하는 사람
- **아마추어**(amateur)
  : 돈을 받지 않아도 사랑해서 일을 하는 사람

그런 의미에서 돈이 되어야지만 글을 쓰는 일부 전문 작가보다는 돈이 되든 안 되든 자신이 좋아하는 글을 기꺼이 쓰는 아마추어 작가에게서 좋은 글이 나올 가능성이 높다. 최근의 출판 경향을 보면, 오래전부터 글을 써온 전문 작가만큼이나, 자신의 삶을 진솔하게 써서 책을 낸 아마추어 작가가 부상하고 있다.

무엇보다
자기 자신이 되어라

내 삶의 주인이 되기 위해서 무엇보다 필요한 언어능력이 바로 말하기와 글쓰기다(말하기는 별도의 책에서 자세히 다룰 것이다). 말하기와 글쓰기는 내면의 생각을 밖으로 드러내는 능동적인 언어활동이다. 삶의 주인의 조건은 무엇인가? 바로 능동성이다. 노예는 밖에서 들어오는 정보를 그대로 수용하고 복종하지만, 주인은 밖에서 들어오는 정보를 비판적으로 수용하고, 자신의 생각에 따라 주체적이고 자유롭게 표현하며, 능동적으로 행동한다. 우리가 자유롭게 말하고, 스스로 생각한 것을 창조적으로 쓸 수 있을 때 우리는 주인이 된다.

소설이나 연극, 영화나 드라마에서는 주인공이 등장

한다. 주인공(主人公)은 주인(主人)의 높임말이다. 영어로
는 '프로타고니스트(protagonist)'나 '히어로(hero)'로 번
역된다. 일을 주도적으로 이끌어나가는 사람, 높은 이상
에 따라서 행동하는 사람이란 뜻이다. 삶의 주인공에게
어울리는 말은 '자유(自由)'다. '스스로 말미암다', '자기
원인이 되다'라는 뜻이다.

이렇게 장황하게 이러저러한 단어를 설명하는 이유는
말하기와 글쓰기의 정신을 확인하기 위해서다. 주인공
은 자유인이다. 자유인은 자기로부터 출발한다. 삶의 주
인공이 되어 말하고 글을 쓴다는 것은 자기로부터 출발
해야 한다는 것이다. 이는 바깥과 벽을 쌓으라는 이야기
도, 독불장군이 되라는 이야기도 아니다. 정반대로 자유
인은 열린 자세로 언제든지 남의 이야기를 수용할 수 있
는 사람이다. 그런 의미에서 자유인은 무엇보다 의사소
통에 능한 사람이다. 자신의 이야기만큼이나 남의 이야
기를 소중하게 여긴다. 자신이 자유인인 것처럼 상대방
도 자유인이기 때문이다. 또한 자유인은 진리의 수호자
이며 담지자(생명이나 이념 따위를 맡아 지키는 사람)가 아니라
민주주의적 관계를 통해서 진리를 함께 탐구해가는 동
반자이다. 스스로 자유로운 사람은 남들도 자유롭게 할

내 삶의 주인으로 사는 최고의 방법, 책 쓰기

줄 안다. 다른 사람 위에 군림하는 자가 아니라 다른 사
람과 사랑과 우정을 나누는 자로 말하고 글 쓴다. 그러기
위해서는 무엇보다 자신을 먼저 사랑하고 자신에게 충
실해야 한다.

삶의 주인공으로서 말하기와 글쓰기의 강령은 다음
과 같다.

> **<u>스스로</u> 사랑하라. Love yourself!**
> **<u>스스로</u> 충실하라. Act by yourself!**
> **무엇보다 자신이 돼라. Be yourself!**

내가 처음으로 쓴 책은 1994년도에 출간된 『철학사냥 1』(민맥)이었다. 당시 민맥 출판사는 사회과학 전문 출판사로 어려운 인문서들을 계속해서 출간하고 있었다. 그래서 전문서 말고 대중 인문 서적을 기획하며 나에게 기회가 온 것이다.

당시 나는 대학을 졸업하고 청년 단체 활동을 하면서 젊은 층을 상대로 철학 강의를 진행하고 있었다. 그러한 활동이 인연이 되어 나에게 기획 청탁이 들어왔고, 강의안을 빼놓고는 별로 준비가 되어 있지 않은 상태에서 덜컥 수락해버린 것이다.

막상 책을 쓰자니 막막하기 이를 데 없었다. 그래서 제일 먼저 한 행동이 관련 서적을 찾아 읽기 시작한 것이다. 당시 가장 인기 있었던 철학 입문서는 조성오가 쓴 『철학 에세이』(동녘, 1983)였다. 이 책은 당시 유행하고 있었던 변증법적 유물론을 실생활에 맞추어 쉽게 쓴 책으로 수많은 독자에게 사랑을 받았다(이 책은 2005년에 개정 4판을 내며 지금도 읽히고 있다). 이는 다른 식으로 말하면 10년이 넘도록 대중 철학 교양서가 불모였다는 말이기도 하다.

나는 첫 책을 기획하면서 나의 이야기와 철학 이야기가 같이 살아 움직이는 책이 되게 만들고 싶었다. 아울러 철학의 역사와 철학과 다른 분야와의 관계 등을 쉽게 재미나게 설명하고 싶었다. 지금 와서 생각해보면, 책의 초점이 분명치 않아 산만한 백화점식 책이 되고 말았다. 나름 재미는 있었지만, 많이 팔리지는 않았다. 이 책을 팔아 팔자 좀 고쳐보려 했던 소망은 물거품이 되고 말았다.

경제적 수익은 없었지만, 나는 이 책으로 대중 철학자의 길을 걷게 되었고, 여러 갈래 길 중 내가 처음 선택한 길이 지금까지 이어졌으니, 사람 팔자란 참으로 묘한 것이었다. 또한 이 책이 알려지면서 수많은 사람들을 만날 수 있었는데, 그것은 정말 나의 삶을 풍성하게 하였다. 특히 이 책이 인연이 되어 1998년에 창간된 잡지 《삶이 보이는 창》의 창간호부터 10년 넘게 글을 연재할 수 있었으니 이 책은 나에게 더없는 은인이 된 셈이다.

이 책은 당시에 내가 쓸 수 있는 최선의 책이었다. 나는 심혈을 기울여 썼고, 망했다. 그러나 아무리 초라하고 실패한 책이라도, 그 책이 만들어준 인연은 지금의 나를 만들었고, 삶의 나날을 풍성하게 하였다. 내가 최초로 입시 학원에 논술 선생으로 들어가 10년 넘게 학원밥을 먹게 만든 책도 바로 이 책이었다. 이 책으로 돈은 얼마 벌지 못했으나, 삶은 더욱 풍요로워졌다. 책이란 그런 것이다.

"사람은 책을 만들고, 책은 사람을 만든다."

CHAPTER
2

작가는 책으로
자신을 증명한다

아예 결론부터 이야기하자.

책을 쓰면 작가가 되는 것이 아니라,

작가이기에 책을 쓴다.

이렇게 말하면 더 분명하겠다.

작가는 책을 쓰기 전부터 책을 쓴 사람이라고.

건축가의 머리에 수많은 설계도가 있듯이,

작가의 머릿속에는 수많은 책이 있다.

아직 종이책이나 전자책의 형태는 아니지만,

이미 작가는 머릿속에 수많은 책을 써놓은 상태이다.

그러니 책을 쓰고 싶은 욕망이 있다면 이렇게 생각하라.

나는 작가다!

나는 앞에서 글을 쓰는 사람을 작가로,

책을 쓰는 사람을 저자로 구분한 바 있다.

하지만 앞으로 쓰는 글에서는

작가라는 말로 통일하여 사용할 것이다.

앞으로 등장하는 작가는

책을 쓰는 작가라고 생각하면 된다.

항상 준비하고
생각하는 사람

작가가 누구인지 말하기 전에 우선 재미난 고전 이야기 하나를 소개하겠다. 『장자』에 나오는 붕새 이야기다.

북쪽 바다에 곤(鯤)이라는 물고기가 있습니다. 곤의 길이가 몇천 리가 되는지 알 수 없었습니다. 곤이 변하여 새가 되는데 그 새의 이름을 붕(鵬)이라고 합니다. 붕의 등 길이도 몇천 리가 되는지 알 수 없습니다. 붕이 날아오르면 그 날개는 하늘을 덮은 구름과 같았습니다. 붕은 태풍이 바다 위에 불어야 비로소 남쪽 바다로 옮겨 갈 수 있습니다. 남쪽 바다란 바로 천지(天池)를 말합니다. (……) 매미와 작

작가는 책으로 자신을 증명한다

은 비둘기가 하늘 높이 나는 붕을 비웃으면서 말했습니다.

"우리는 힘껏 날아야 느릅나무 가지에 올라가 앉을 수 있다. 때로는 거기에도 이르지 못하고 땅에 떨어지는 경우도 있다. 그런데 어찌하여 붕은 9만 리나 높이 올라 남쪽 바다까지 가려는 것인가?"

매미나 비둘기의 입장에서 보면 9만 리 높이를 나는 붕새를 이해할 수가 없다. 조금만 날아도 먹거리를 마련할 수 있고, 높이 날지 않아도 편안히 살 수 있는 매미나 비둘기가 보기에 턱없이 높게 나는 붕새는 어리석어 보인다.

책 쓰기와 연관 지어 이야기해보자. 붕새는 책을 쓰는 작가이고, 매미나 비둘기를 책을 읽는 독자라 생각할 수 있다(독자를 무시하는 말은 아니다). 독자 입장에서 보면, 이미 책이 넘쳐나는 세상에서 새로 책을 쓰겠다고 노심초사하는 작가들이 어리석어 보이기도 한다.

하지만 책을 쓰는 작가의 입장에서 보면, 기존에 있는 책들의 세상이 좁다. 그래서 새로운 세상을 만들기 위해 기존의 세상에서 벗어나 높이 나는 것이다. 웬만한 높이로는 이 세상을 벗어날 수가 없어서 9만 리를 나는 것이다.

> **붕새 : 매미, 비둘기**
> =
> **책을 쓰는 작가 : 책을 읽는 독자**

  나는 책을 읽을 때마다 얼마나 고마운지 모른다. 어떤 작가는 평생 걸려 한 권을 쓰는데, 나는 그 한 권의 책을 하루 정도면 읽을 수 있다. 책을 쓰는 수고에 비하면 책을 읽는 노력은 새발의 피라 할 수 있다. 책을 써본 사람이기에 책의 소중함을 더욱 절감한다. 1년에 한 권 정도 쓰는 김훈 소설가는 '필일오(必日伍)'라는 좌우명을 갖고 있다. '하루에 반드시 원고지 5매를 쓰자!'라는 다짐이다. 글쓰기의 대가가 하루 걸려 쓴 5매의 원고지를 독자는 1분이면 읽을 수 있다. 하루면 1440분이니까 1440대 1이다.
  물론 작가라고 하루 종일 글을 쓰지는 않는다. 하지만 작가가 글을 쓸 때에는 하루 종일 글 생각을 한다. 글을 쓰는 것보다 더 중요한 것은 글을 쓰기 위한 준비이다. 이

작가는 책으로 자신을 증명한다

런 점에서 볼 때, 작가를 이렇게 정의할 수 있을 것이다.

"작가는 글을 준비하는 사람이다."

붕새 이야기를 하는 『장자』도 위의 인용구 뒤에 이렇게 쓴다.

> 가까운 근교에 가는 사람은 세 끼의 밥만 준비해도 배불리 갔다가 돌아올 수 있습니다. 하지만 백 리 길을 나서려는 사람은 전날 밤새도록 양식을 찧어 준비해야 하고, 천 리 길을 떠나는 나그네는 석 달 동안 식량을 모아 준비해야 합니다. 높이 날아오른 붕의 마음을 작은 매미나 비둘기가 어찌 알겠습니까?

매미나 비둘기(독자)의 준비와 붕새(작가)의 준비는 아예 차원이 다른 것이다. 독자는 책을 읽기 위해 책을 구입하고 읽을 시간을 마련하면 되지만, 책을 쓰는 작가는 책을 쓰기 위해 수많은 준비를 해야 한다(뒤에 글쓰기 5단계로 자세히 설명할 것이다). 장자의 표현을 빌리자면 책을 쓰는 작가는 '천 리 길을 떠나는 나그네'에 해당한다.

트로트 가수 현철이 부른 노래 중에 〈앉으나 서나 당신 생각〉이 있다. 이 노래 제목의 미덕은 집중에 있다. 앞에서 언어의 사분면 이야기를 했던 것을 기억할 것이다. 말하고, 듣고, 읽고, 쓰는 이 네 언어행위를 감싸는 것이 생각이다. 다시 말해 인간은 생각하며 듣고, 생각하며 말하고, 생각하며 쓰고, 생각하며 읽는다. 그래서 생각이 없거나 딴생각을 하게 되면 언어 소통이 원활히 진행되지 않는다. 생각에는 집중이 필요하다.

무엇을 생각하느냐가 그 사람의 정체성을 드러낸다. 기업가는 돈을 생각할 것이고, 연인들은 상대방을 생각할 것이다. 농부라면 곡식을, 어부라면 물고기를, 똥개라면 똥을 생각할 것이다. 부모라면 자식을 생각한다. 그렇다면 작가는 무엇을 생각하는가? 적어도 글감을, 크게는 자신이 쓸 책을 생각할 것이다.

작가는 글을 쓰거나 쓰지 않거나 책을 생각한다. 길을 걸을 때도, 여행을 떠나서도, 친구들과 이야기를 나눌 때도, 심지어 다른 작가가 쓴 책을 읽을 때도 자신이 쓸 책을 생각한다. 물론 이러한 열거는 얼마간 과장이 있다. 작가가 책을 생각하지 않을 때도 있다. 하지만 나는 이렇게 말하고 싶다. 작가는 책을 생각하지 않을 때에도 책을

작가는 책으로 자신을 증명한다

생각하는 사람이라고. 그게 과하다면, 이렇게 쓰자. 작가는 책을 중심으로 생각하는 사람이다.

작가와 독자의 가장 큰 차이라면 아마도 존재 증명의 문제일 것이다. 독자는 굳이 책을 읽지 않아도 자신의 존재가 흔들리지 않는다. 하지만 작가가 책을 쓰지 않는다면 그를 작가라고 말하기는 어려울 것이다. 작가에게 책은 자신의 존재 증명서와 같은 것이다. 독자에게 책은 필요조건에 해당한다면, 작가에게 책은 필요충분조건이다.

독자는 책으로 먹고살지 않지만, 작가는 책으로 먹고사는 사람이다. 책을 써도 팔리지 않아 근근이 먹고사는 작가가 있는가 하면, 쓴 책이 날개 돋친 듯 팔려 넉넉히 먹고사는 작가도 있다. 하지만 기본적으로 책으로 먹고산다는 점에서는 같다고 볼 수 있다. 그러므로 책을 써서 먹고살겠다는 결심을 단단히 할 필요가 있다. 잘 팔리면 좋고 안 팔려도 그만이라는 안일한 마음은 금물이다. 기왕 쓰는 거 잘 준비해야 하고, 남들과는 다른 자신을 잘 드러내야 한다. '책이 곧 나 자신'이라는 마음을 가질 때, 정성을 다할 수 있고 최선을 다할 수 있다.

작가에 대하여 세 가지를 이야기했다. 작가는 글(책)을 준비하는 사람이고, 책을 집중하여 생각하는 사람이며, 책을 통해 자신을 증명하는 사람이다. 사실 이 세 가지는 비단 작가에게만 해당하는 말은 아니다. 어떤 일을 하더라도 많든 적든 이 세 가지는 필요하다. 자전거를 배우는 사람도, 시험을 치르는 사람도, 세상에서 제일 높은 에베레스트산에 오르는 사람도 이 세 가지가 없다면 제대로 배울 수도, 치를 수도, 오를 수도 없다. 자신이 세워놓은 목표가 어려울수록 더욱 많은 준비와 집중과 증명이 필요하다.

준비하라! 집중하라! 증명하라!
Prepare! Focus! Prove!

이것을 모르는 사람은 아마도 없을 것이다. 그런데 우리는 왜 자주 자신이 하고자 하는 일에 실패하는가? 몰라서가 아니다. 머리는 알지만 몸이 따라주지 않기 때문이다. 욕망은 태산처럼 높은데 그것을 이룰 몸은 나약하

작가는 책으로 자신을 증명한다

기 그지없다면 결코 자신의 욕망을 채울 수 없다. 높디높은 욕망을 채울 수 없으니 매번 실망하고 낙담하게 된다. 어쩔 것인가?

책 쓰는 몸은
꼼수로 만들어지지 않는다

운동선수가 되기 위해서는 운동에 적합한 몸을 만들 필
요가 있다. 쓸데없는 살을 없애고 필요한 근육을 강화하
고, 근력을 키우는 것이 운동의 알파요 오메가다. 프로
선수들이 체력 단련과 훈련을 거르지 않는 것은 모두 자
신의 영역에서 탁월한 능력을 발휘하기 위해서다. 몇 년
전에 〈냉장고를 부탁해〉라는 프로그램을 보다가 세계적
인 발레리나 강수진의 발을 본 적이 있다. 갑자기 눈물이
나왔다. 여러분도 한번 찾아보시라. 날렵하고 매끈한 토
슈즈 속에 숨어 있던 발은 거칠기 그지없었다. 강수진은
전성기 때 하루에 두 시간을 자고, 열 시간 넘게 연습을
했다고 한다.

이 정도로 몸을 만들라는 것이 아니다. 강수진은 자신의 분야에서 세계 최정상에 오른 사람이고, 모두가 그를 따라 할 수 있는 것은 아니다. 그러니 하나만 기억하자. 이것이 바로 프로 발레리나의 몸이다.

책을 쓰는 작가가 되려는 사람도 이와 유사하다. 작가로서 몸을 만들어야 한다. 작가의 근육을 키워야 한다는 말이다. 그러면 작가의 근육은 어떻게 만들어지겠는가? 작가처럼 준비하고, 집중하고, 증명하려면 어떻게 해야겠는가?

몸에 익을 때까지 읽고 쓰는 수밖에 없다. 읽고 쓰기의 습관화 외에 다른 비결은 없다. 여기에 꼼수가 들어설 자리는 없다. 읽고 쓰는 것이 습관화되지 않는다면, 아무리 아는 것이 많아도 소용없다. 몸이 만들어지지 않았기 때문이다. 힘들겠지만 그 지점을 통과해야 한다. 일찍이 중국의 성인 공자는 이렇게 말했다. "배우고 때맞춰 익히면 이 또한 즐겁지 아니한가(學而時習之 不亦悅乎)."

머리가 몸을 만날 때, 앎이 실천될 수 있는 몸이 만들어질 때, 기쁨은 저절로 따라오게 되어 있다. 자전거를 타는 몸이 기쁘듯이, 악기를 연주하는 몸이 기쁘듯이, 에베레스트산 정상에 오른 몸이 기쁘듯이, 책을 쓰게 된 작가의 몸은 기쁘다.

> **學而時習之 不亦悅乎!**
> - 논어
>
> **읽고 쓰기를 습관화하라!**
> **작가의 몸을 만들어라!**

작가는 책으로 자신을 증명한다

작가의 좋은 습관

같은 종목의 운동선수라도 각기 자신만의 특색이 있듯이, 책을 쓰는 작가 역시 일률적이지 않다. 글을 쓰는 주제도 다르고, 문체도 다르고, 작품도 다르고, 작업 방식도 다르다. 여기서는 작가를 작업 방식에 따라 나눠볼 것이다. 작가의 습관을 가장 정확히 알 수 있는 것이 작업 유형이기 때문이다. 어떤 유형이 바람직하다고 말하고 싶지는 않다. 작가가 천 명이라면 세밀하게 분석하면 천 개의 유형이 있을 것이고, 각기 장단점을 가지고 있을 것이다. 크게 네 가지 유형으로 나눠볼 테니 자신과 어울리는 유형이 있는지 확인해보자.

직장인형 작가

가장 안정적인 작업 유형이다. 마치 직장에 출근하여 일을 하고 퇴근하듯이 일정한 시간을 정해놓고 일정한 분량을 쓰는 작가 유형이다. 대표적인 작가가 바로 세계적인 베스트셀러 제조기 무라카미 하루키다. 그가 쓴 자전적 에세이의 제목조차 『직업으로서의 소설가』이다.

그는 새벽에 일어나 대여섯 시간을 꼬박 집중하여 글을 쓴다. 장편소설을 쓸 경우에는 1년에서 3년까지 그러한 원고쓰기를 판박이처럼 똑같이 반복한다. 정말 직장인 같은 글쓰기다. 하루키는 그의 작업을 '고독한 작업'이라고 말한다.

하루키는 장편소설을 쓸 경우 하루에 400자 원고자 20매를 쓰는 것을 규칙으로 삼고 있다. 김훈이 200자 원고지 5매를 규칙으로 삼는다면, 김훈보다 여덟 배를 더 쓰는 것이다. 분량은 중요하지 않다. 자신의 체력에 맞게 꾸준히 쓰는 것이다. 이러한 작업 방식의 가장 큰 장점은 정해진 시간에 정해진 분량의 글을 쓸 수 있어서 마감에

작가는 책으로 자신을 증명한다

쫓기지 않는다는 것이다. 자신만의 속도를 가지고 있어서 가장 안정적인 글쓰기이다. 어쩌면 출판사에서 가장 좋아하는 작가 유형일 것이다.

최근에 가히 초인적인 방식으로 두 달에 한 권씩 글을 쓰는 작가가 있다. 철학자 고병권이다. 그는 2018년 8월에 『다시 자본을 읽다』를 출간했고, 지금까지 10권(2020년 10월 기준)의 『자본』 해설서를 쉬지 않고 썼다. 가수 겸 작곡가인 윤종신은 2012년부터 매월 한 편의 노래를 〈월간 윤종신〉에 발표했다. 정말 놀라운 성실성과 규칙성이다.

백수형 작가

스스로 백수를 자처하고, 백수끼리 모여 공부하며 글 쓰는 '감이당(&남산강학원)'을 운영하는 고전 평론가 고미숙이 대표적인 작가이다. 평소에는 놀듯이 공부하다가 책을 쓸 때에는 초인적으로 몰아 쓰는 능력을 가지고 있다. 필이 꽂히면 1년에 몇 권이라도 생산할 수 있는 작가이다. 최근에 쓴 『읽고 쓴다는 것, 그 거룩함과 통쾌함에 대하여』를 포함하여 총 174종의 책을 썼다. 다작(多作)의 대가이다. 그는 백수형의 삶을 추구한다. 그가 쓴 책의 제목에도 '백수'라는 말이 적잖이 등장한다. 『청년 백수를 위한 길 위의 인문학』, 『조선에서 백수로 살기』는 임꺽정과 박지원을 주인공으로 삼아 백수의 삶을 예찬하고 있다. 자유로운 삶을 추구하면서, 책을 쓸 준비가 충분히 되어 있으면 책을 쓴다. 고미숙은 단독 저술뿐만 아니라 공동 저술도 많다. 백수가 서로의 삶을 나누듯이 책도 나눠 쓰는 방식으로 쓸 수 있다고 생각한다. 그가 쓴 한 대목을 보자.

백수라고 '쫄면' 안 된다. 당당해야 한다. 그리고 유쾌해야 한다. 정규직이 타임 푸어라면 백수는 타임 리치다. 청년 백수는 그야말로 타임 '슈퍼 리치'다. 모두가 바쁘다고 동동거릴 때 한없이 여유를 즐길 수 있는 몹시 '고귀한' 존재다. 시간이 많다는 건 삶의 스텝을 세밀하게 클로즈업할 수 있다는 뜻이다. 예컨대, 계절의 변화를 깊이 음미한다거나 도시의 곳곳을 탐사한다거나 마음의 흐름을 잘 살핀다거나 하는 일들. 가족이건 친구건 관계에서 오는 다양한 변화들을 깊이 되새겨볼 수도 있다. 이런 기회를 잘 활용하면 신체적 공감력이 대폭 확장될 것이다. 동시에 인생과 세상을 보는 시선도 달라지게 된다. 이 시선의 전환이 유머와 위트를 야기한다. 일상을 매끄럽게 운용하고, 신체가 유연해지는 것. 이것이 슬기로운 백수 생활의 핵심이다. 고수는 서두르지 않는다. 내공이 깊으니까. 백수도 서두르지 않는다. 시간이 많으니까.

- 〈조선에서 백수로 살기〉(고미숙 저, 프런티어)

삶을 즐기는 시간 부자로 살면서 공부하고, 유연한 태도로 글을 쓴다. 같이 놀고 공부하다 보니 책을 준비하는 시간이 줄어든다. 짧은 시간에 집중해서 쓸 수 있다는 장점이 있다. 하지만 이러한 백수형 작업 방식은 단점도 그만큼 많다. 작가의 몸이 만들어지지 않을 경우, 책을 쓰는 것은 한없이 늦춰진다.

연재형 작가

잡지나 신문에 연재한 글을 모아서 책을 내는 작가가 있다. 이른바 연재형 작가이다. 연재형 작가는 직장인형 작가와 겹치기도 하고 다르기도 하다. 겹치는 작가 중 대표적인 사람이 시인이자 소설가이며 도서 평론가인 장정일이다. 장정일은 거의 매주 책을 읽으며 독서 일기를 연재하고, 그렇게 쌓인 원고로 『장정일의 독서일기』를 일곱 권, 『빌린 책, 산 책, 버린 책』을 세 권이나 냈다. 총 열 권의 독서일기이다. 작업량으로 치면 직장인형 작가 수준을 능가한다.

하지만 청탁을 통한 연재의 경우는 성격이 다르다. 연재가 주간이나 격주간, 월간이나 격월간이냐에 따라서 정기적이긴 하지만 글쓰기가 지속적이지는 않다. 대부분 마감에 쫓겨 글을 쓰거나, 가장 시간이 많은 주말이나 한밤중에 쓴다. 연재 매체의 성격에 따라 정해진 주제의 글이 강제로 청탁되어 자발성이 떨어지기도 한다.

최근에는 다양한 인터넷 매체에서 연재를 할 기회가 많아졌다. 자발적으로 연재를 하게 된다면 글쓰기의 근

작가는 책으로 자신을 증명한다

육이 강화되어 작가의 몸을 가질 수 있고, 설령 청탁에 의한 연재라도 일정 기간 정기성이 보장되므로 강제로 글쓰기 근육을 키울 수 있다.

나의 경우 이전에는 격월간지 《삶이 보이는 창》에 5년 정도 한국철학, 동양철학을 연재하여 두 권의 단행본을 낸 적이 있다. 현재는 〈고양신문〉에 월 1회씩 연재를 하고 있는데, 벌써 횟수로 50회가 넘어 책 한 권 분량은 된다. 아울러 다음(daum)에서 운영하는 '브런치(brunch)'에 작가로 등록하여 정기적으로 글을 연재하고 있다. 연재는 강제성과 정기성을 띠고 있기 때문에 자칫 게을러질 수 있는 초보 작가들에게 좋은 작업 방식이 될 수 있다.

강의형 작가

대학교수나 전문 강사의 경우, 강의 내용을 녹화 혹은 녹음해두었다가 풀어서 책으로 엮는 경우가 많다. 대부분 책으로 나오는 강의는 일반 대중을 상대하기 때문에 그 수준이 아주 높지 않지만, 현장성과 재미를 담보할 수 있어 널리 읽힐 가능성이 높다. 2020년에 나온 김누리의 책 『우리의 불행은 당연하지 않습니다』는 JTBC에서 방송된 〈차이나는 클라스〉의 강의 내용을 보충하여 엮은 것인데, 선풍적인 강의 인기에 힘입어 책도 많이 팔렸다.

역으로 강의를 염두에 두고 책을 엮는 작가도 있다. 동양철학자 김용옥이 대표적인 예인데, 그는 강의를 하기 위해 책을 발간하고, 그 책을 교재로 삼아 강의를 진행하기도 한다. 책도 팔고 강의도 진행하여 한꺼번에 두 마리 토끼를 잡는 격이니 실용성이 높다.

이런 유형의 작가들은 지명도가 높고 대중적인 인기를 어느 정도 확보하고 있어야 하기 때문에 초보 작가가 쉽게 도전할 수 있는 글쓰기 유형은 아니다. 최근에는 자신의 지명도를 높이기 위해 유튜브 채널을 적극적으로 활용하여 재미난 강의를 업데이트하면서 그 결과물을 책으로 만드는 경우도 있는데, 만약에 독창적이고 재미난 강의에 자신이 있는 작가라면 군이 대학교수나 전문 강사가 아니라도 도전해볼 만하다.

나의 경우 경기케이블에서 방송 연재한 강의 내용을 간추리고 보충하여 『철학의 쓸모』라는 책을 내기도 했다.

작가는 책으로 자신을 증명한다

이외에도 처음부터 출판사와 함께 책 작업을 하는 기획형 작가 유형과 다른 작가와 협업하여 책을 만드는 콜라보형 작가 유형이 있을 수 있다. 두 경우 모두 의사소통과 협업 능력을 갖추고 있어야 좋은 책을 만들 수 있다. 유연한 정신과 개방적인 태도, 자신에게 요구되는 사항을 정확히 써낼 수 있는 능력을 갖추고 있어야 하기 때문에 어렵다고 생각할 수도 있지만, 초보 작가의 경우에는 출판사가 공동으로 작업하기 때문에 오히려 수월할 수도 있고, 다른 작가들과 나눠서 작업하기 때문에 작업량이 줄어들어 편할 수도 있다.

나에게 맞는 방식을
찾아야 하는 이유

어떤 유형이 되었든, 자신의 일상적인 태도와 생활 습관을 잘 고려하여 자신에게 맞는 유형을 찾는 것이 중요하다. 한 가지 유형에 딱 들어맞지 않고 두세 가지의 작업 유형이 섞인 경우도 있으니 한 가지 유형만을 고집할 필요는 없다. 나의 경우에는 내고 싶은 책의 성격에 따라 연재형과 강의형을 선택하여 글쓰기를 한다. 딱히 맞는 유형이 없다면, 자신이 어떤 유형의 작가가 되고 싶은지 상상해보기 바란다. 중요한 것은 그러한 작업 유형에 자신이 얼마나 잘 적응하고 습관화할 수 있는지를 판단하는 것이다.

Check List ——————— 나는 어떤 유형의 작가일까?

---

❶ 직장인형 : 일정한 시간에 일정한 분량을 규칙적이고 지속적으로 쓰는 것이 좋은 작가

▶ 장점: 자기규율적, 자발적 ▷ 단점: 반복적

---

❷ 백수형 : 자유로운 시간에 몰입하여 많은 분량의 글을 쓰는 것이 좋은 작가

▶ 장점: 자유로운 작업, 몰입 ▷ 단점: 게으름

---

❸ 연재형 : 강제적이고 규칙적인 조건에 따라 글을 쓰는 것이 오히려 효율적인 작가

▶ 장점: 규칙적, 강제적 ▷ 단점: 경우에 따라 수동적

---

❹ 강의형 : 대중들의 수준에 맞춰 재미있게 강의할 수 있는 능력을 갖춘 작가

▶ 장점: 대중적, 흥미유발적 ▷ 단점: 글의 밀도와 수준의 문제

---

❺ 기획형 : 출판사나 편집자와 함께 기획하고, 요구 사항을 충족하는 글을 쓸 수 있는 작가

▶ 장점: 안정적, 지원을 받음 ▷ 단점: 계속되는 요구, 불화 가능성

---

❻ 콜라보형 : 타 작가와 역할 분담을 하고 공동으로 작업하는 것에 익숙한 작가

▶ 장점: 자기영역적, 전문적 ▷ 단점: 다른 작가와의 격차

첫 책이 인연이 되어 《삶이 보이는 창》이라는 잡지에 글을 연재하기 시작했다는 말은 했다. 연재는 10년 넘게 이어졌고, 그 원고들로 두 권의 책이 만들어졌다. 『처음 만나는 우리 인문학』(생각의 길, 2012)과 『처음 만나는 동양고전』(생각의 길, 2013)이다. 쉽게 쓰는 한국철학사와 중국철학사라고 생각하면 된다.

한 꼭지 한 꼭지 연재할 때마다 나는 관련 서적을 최소한 다섯 권이상 읽었고, 그때 읽은 책들은 나의 삶에 너무도 커다란 자양분이 되었다. 원고지 50매 정도의 원고를 쓰기 위해, 책 5천 매 정도의 글을 읽은 셈이다. 비율로 환산하면 1대 100이다. 100을 짜내어 1을 만들었으니, 이때 요약과 압축 실력이 엄청 늘었다. 이때 쌓은 독서력은 나의 집필력과 강의력의 밑천이 되었다.

지금도 나는 평균 일주일에 두세 권의 책을 읽는다. 그리고 책을 읽고 나서 기억할 만한 내용들을 독서노트의 형식으로 정리한다. 이제는 거의 습관화된 나의 이 버릇은 1998년부터 만들어진 것이다. 읽으면 정리하기, 읽으면 쓰기는 작가의 기초 근육이다.

연재글 모음과 관련하여 반드시 기억할 것은 편집자와 인연이다. 이름은 거명하지 않겠지만 이때 만난 출판사 편집자는 나와 친해져서 자주 만나 책 이야기며 출판 경향 이야기며 인생 이야기를 나누었는데, 그때 인연은 지금까지 이어지고 있다.

생각의 길 출판사에서는 두 권의 책이 더 나왔는데, 2016년에 출간된 『철학의 쓸모』이다. 이 책은 경기케이블을 통해 방송했던 한 시간짜리 동서양철학 비교 강의 20회 분량을 간추려 엮은 것이다. 다른 한 권은 나의 첫 책의 후속타로 써놓은 현대철학 원고를 20년이 넘어서야 개고하여 2018년에 출간한 『너무 재밌어서 잠 못 드는 철학수업』이다. 원고가 왜 20년이나 묵었냐고 묻는다면, 내가 첫 책을 낸 민맥 출판사가 망해서 없어졌다고 말해야겠다(물론 나 때문에 망한 것은 아니다).

여기서 새로운 교훈 두 가지를 뽑을 수 있겠다. 첫째, 강의는 책으로 이어진다. 잘 준비하여 정성스럽게 강의하라. 둘째, 아무리 오래된 원고라도 소생 가능하다. 옛날 원고라고 함부로 버리지 마라.

어쨌든 출판사 '생각의 길'에서 한국철학사, 동양철학사, 현대서양철학사, 동서양철학 비교 4인방이 출간되었으니, 이 또한 깊은 인연이며 대중 철학 분야에서 구색을 제대로 갖추게 된 셈이다.

CHAPTER 3

글쓰기와 책 쓰기는
완전히 다르다

글이 모이면 책이 되지 않느냐고
착각하는 사람들이 있다.
아니다.
글이 모이면 그냥 글 더미가 될 뿐이다.
책은 글 더미가 아니다.
벽돌만 모은다고 집이 되지 않는 것과 마찬가지이다.
글과 책은 완전히 다른 세계이다.

티끌 모아봤자 그냥 티끌

학창 시절 작문 선생이 한 말 중에 지금도 선명하게 남아 있는 게 있다.

"글쓰기 어렵지 않다. 단어가 모여 문장이 되고, 문장이 모여 문단이 되고, 문단이 모여 글이 되고, 글이 모여 책이 된다. 그러니 글쓰기를 두려워하지 마라."

당시에 나는 그 말을 듣고, '작가가 되기가 쉽구나' 생각했다. 지금 생각해보면 어처구니가 없는 말이지만, 이론적으로는 맞는 말이었다. 당시에는 각 단계로 넘어가는 데 수많은 관문이 있다는 것을 미처 몰랐다. 영어를 떠올려보면 내 말이 무슨 말인지 금세 알 수 있을 것이다. 수천 개의 영어 단어를 외운다고 해도, 책은커녕 문

글쓰기와 책 쓰기는 완전히 다르다

장조차 못 쓰는 사람이 허다하다. 하물며 책이야 어떻겠는가.

글이 모이면 책이 되지 않느냐고 착각하는 사람들이 있다. 아니다. 그냥 글이 모이면 글 더미가 될 뿐이다. 책은 글 더미가 아니다. 벽돌만 모은다고 집이 되지 않는 것과 마찬가지이다. 글과 책은 완전히 다른 세계이다. 속담에 '티끌 모아 태산'이란 말이 있다. 반만 진실이다. 티끌이 모인다고 태산이 되지 않는다. 티끌이 모이면 먼지만일 뿐이다. 티끌이 태산이 되려면 단지 모으는 것만으로는 안 된다. 다른 무엇이 필요하다. 그 이야기를 해보자.

티끌은 태산의 최소 단위이다. 글에 적용해보면 단어에 해당한다. 책은 단어들의 거대한 집합이지만, 단어들이 모인다고 저절로 책이 되지는 않는다. 그것은 원숭이를 자판 앞에 데려다놓고 셰익스피어의 작품을 만들라고 하는 것만큼이나 불가능한 일이다(물론 원숭이들은 단어조차 만들지 못하겠지만). 그러면 어떻게 하면 책이 되는가?

차근차근 접근해보자. 단어 → 문장 → 문단(단락) → 글(텍스트) → 책까지 가는 과정을 추적해보자.

단어(單語)

단어는 '의미의 최소 단위'이다. 의미가 부여되지 않는 말은 단어가 아니다. 만약 내가 '우차라비야바'라고 썼다 하더라도, 이것은 단어가 될 수 없다. 의미를 담고 있지 않기 때문이다. 단어는 사람들이 공유하는 의미의 최소 단위이다. 우리가 모든 단어를 알 수는 없지만, 작가는 적어도 단어의 뜻을 정확히 알고 적확하게 사용하는 사람이다. 그래야 의미가 제대로 전달될 수 있기 때문이다. 작가가 단어들의 집합소인 사전(事典)과 친해야 하는 이유는 굳이 강조할 필요가 없다. 작가는 단어를 풍성히 알고 단어의 의미에 예민한 사람이다.

문장(文章)

단어가 모인다고 문장이 되는 것은 아니다. '사과, 배, 바나나'라고 쓴 것은 단어의 나열일 뿐 문장이 아니다. 문장이 되려면 적어도 '주어와 술어의 결합'이 필요하다. '나는 달린다'는 문장이다. 누가(무엇이) 어떠한지(동작이나 상태) 정보가 담겨 있다. 단어가 문장이 되려면 법칙을 따라야 한다. 이 법칙을 문법(文法)이라고 한다. 문법에 따라 구성된 단어들의 결합이 문장이다.

우리가 외국어의 단어를 많이 알았다 해도, 문법을 알지 못한다면 문장 하나도 못 쓰는 것을 상상해보면 단어와 문장의 차이를 알 수 있을 것이다. 단어와 문장 사이에는 법칙이 끼어든다. 당연히 작가는 이러한 법칙을 잘알고 있는 사람이다. 비문(非文)이라는 말은 문장의 규칙을 어긴 문장이라는 뜻이다. 문장이 아니라는 뜻이다. 문장을 만들지 못하면 작가가 될 수 없다.

문단(文段)

단어가 모여 저절로 문장이 될 수 없듯이, 문장이 모인다고 저절로 문단이 되는 것은 아니다. 문장들이 문단이 되기 위해서는 일정한 형식과 조건을 갖추어야 한다. 우리는 문단의 형식에 대해서는 원고지 쓰기를 할 때 배웠다. 글이 시작되기 전에 한 칸을 들여 쓴다. 한 칸 들여쓰기는 문단의 시작임을 알리는 표시이다. 그리고 문단이 끝날 때까지 문단에 속하는 문장들은 줄이 바뀌지 않은 상태로 연결되어 있다. 줄이 바뀌어 있다면 새로운 문단이 시작되었다는 말이다. 이것이 문단의 형식이다.

그러면 문단이 되려면 무슨 조건을 갖추어야 하나? 통일성, 연결성, 완결성이란 조건을 갖추어야 한다. '통일성'이란 한 문단에는 하나의 이야기만 전해져야 한다는 것이다. 내가 만약에 '나의 얼굴'이란 이야기로 문단을 만들려고 하면 거기에 손과 발의 이야기가 들어가서는 안 된다. 모든 문장은 얼굴과 관련된 문장이어야 한다. '연결성'이란 문장들이 유기적으로 연결되어야 한다는 말이다. 문장에도 순서가 있다. 논리적 순서이든, 묘사적 순서이든 순서에 따라 질서 있게 문장이 구성되어야 한다. 마지막으로 '완결성'이란 자신이 쓰고자 하는 이야기가 잘 끝나야 한다는 말이다. 얼굴을 묘사하는 데 입을 빼먹고 묘사했다면 완결된 문단이 아니다.

글(文)

글은 여러 개의 문단이 모여 이루어진다. 그렇다고 아무 문단이나 모이면 글이 되는 것은 아니다. 글을 이루는 문단들은 유기적으로 연결되면서 구조적으로 완결되어야 한다. 보통은 서론-본론-결론의 구조를 갖거나, 기승전결의 흐름을 갖는다. 서론-본론-결론의 구조를 갖는다면 서론과 결론은 짧게, 본론은 길게 구성한다. 서론은 화제나 과제를 제시하고, 본론에서는 그 화제(과제)에 대하여 충분히 다룬 후, 결론에서 압축적으로 정리하거나 논의를 마무리하는 방식이다. 글의 길이는 제한이 없으나, 다루고자 하는 화제(과제)에 따라 충분히 논의되고 명확히 정리되었다고 생각될 때까지 쓴다.

책(冊, 書)

앞에서 글을 벽돌에, 책을 집에 비유했다. 자, 상상력을 조금만 더 발휘해보자. 벽돌집을 지으려면 어떻게 해야 할까? 벽돌과 벽돌을 단단하게 이어 붙일 수 있는 시멘트가 필요할 것이다. 시멘트만 있으면 될까? 집의 쓰임새에 따라 크기와 구조에 대한 계획이 있어야 할 것이다. 우리의 목표는 벽돌을 쌓아두는 것이 아니라, 벽돌로 만든 집을 짓는 거니까. 글들이 책의 크기와 구조에 따라 통일적으로 결합하고, 유기적(논리적)으로 연결되며, 완결성을 갖고 쌓였을 때 비로소 책이 된다.

글을 읽다 보면 눈치를 챘겠지만, 문단 – 글 – 책은 공통적인 세 가지의 기본 조건을 갖추어야 한다.

❶ 통일성 ❷ 연결성 ❸ 완결성

문단 차원에서는 문장들이 이 조건을 갖추어야 하고, 글 차원에서는 문단이 이 조건을 갖추어야 하고, 책 차원에서는 글들이 이 조건을 갖추어야 한다. 물론 뒤로 갈수록 더욱 복잡성을 띠겠지만, 원리는 같다.

글쓰기와 책 쓰기는 완전히 다르다

책은 전쟁, 글은 전투

일찍이 연암 박지원은 글쓰기를 병법에 비유한 바 있다. 그의 활기차고 유려한 글을 잠시 감상해보자.

"글자는 비유하면 군사이고, 글 뜻은 비유하면 장수이다. 제목은 적국(敵國)이고 전고(典故)와 고사는 전장의 보루이다. 글자를 묶어서 구(句)를 만들고, 구를 묶어 문장을 만듦은 대오를 편성하여 행진하는 것과 같다. 음으로 소리를 내고 문채(文彩)로 빛을 내는 것은 징과 북을 치고 깃발을 휘두르는 것과 같다. 조응(照應)은 봉화(烽火)에 해당하고, 비유(譬喩)는 유격병에 해당하며, 억양 반복은 육박전을 하여 쳐 죽이는 것에 해당하고, 파제(破題)를 하고 결속하는 것은 먼저 적진에 뛰어들어 적을 사로잡는 것에 해당한다. 함축을 귀하게 여김은 늙은 병사를 사로잡지 않는 것이고, 여운을 남기는 것은 군사를 떨쳐 개선하는 것이다.

무릇 장평 땅에서 파묻혀 죽은 조나라 10만 군사는 그 용맹과 비겁함이 지난날과 달라진 것이 아니고, 활과 창들도 그 날카로움과 무딘 것이 전날에 비해 변함이 없었다. 그런데도 염파가 거느리면 적을 제압하여 승리하기에 충분했고, 조괄이 대신하면 자신이 죽을 구덩이를 파기에 족할 뿐이었다. 그러므로 군사를 잘 쓰는 장수는 버릴 만한 군졸이 없고 글을 잘 짓는 사람은 이것저것 가리는 글자가 없다. (……)

한마디의 말로도 요령을 잡게 되면 적의 아성으로 질풍같이 돌격하는 것과 같고, 한 조각의 말로써도 핵심을 찌른다면 마치 적국이 탈진하기를 기다렸다가 그저 공격 신호만 보이고도 요새를 함락시키는 것과 같다. 글 짓는 묘리는 이렇게 하여야 성취할 수 있을 것이다."

조선 최고의 산문가 박지원의 글솜씨가 대단하지 않은가. 작가의 책 쓰기는 비유컨대 전쟁과 같다. 단어가 무기라면 문장은 군인이고, 문단은 작은 전투를 수행하는 소대, 글은 대규모 전투를 수행하는 중대, 책은 전쟁을 수행하는 군대라 할 수 있다. 글은 전투요, 책은 전쟁이다. 각개 전투에서 이겨도 전쟁에서 지면 지는 것이다. 개별 전투의 목표는 전체 전쟁에서 승리하는 것에 있기 때문이다. 이처럼 전쟁의 목표가 적에게 승리하는 것이라면, 책 쓰기의 목표는 독자에게 감동(즐거움)을 주는 것이다. 그러려면 단어-문장-문단-글-책은 서로 긴밀히 호응하고, 통일성, 연결성, 완결성을 갖추어야 한다. 이를 도표로 정리해본다.

단어	문장	문단	글	책
의미	문법	① 통일성 ② 연결성 ③ 완결성		
무기	군인	소대 (작은 전투)	중대 (큰 전투)	군대 (전쟁)

일품요리 vs 코스요리

글과 책을 대비하는 다른 비유를 들어보자. 글이 반찬이나 일품요리라면, 책은 코스요리라 할 수 있다. 요리사들은 코스요리를 구성할 때 음식의 맛도 중요하지만, 끝까지 물리지 않고 잘 먹을 수 있도록 순서를 잘 짜야 한다. 에피타이저 - 메인 요리 - 디저트의 조화를 이루어야 끝까지 잘 먹을 수 있다. 책을 한식요리처럼 큰상 차림으로 비유한다고 해도 마찬가지다. 밥, 국, 찌개, 반찬들이 겹치지 않으면서 서로 조화와 균형을 이룰 수 있도록 메뉴를 구성하여 차려야 한다.

요리사가 반찬을 장만하든, 복잡한 요리를 하든 최선을 다해야 하는 것처럼, 작가는 글을 쓸 때 최선을 다해야 한다. 하지만 책을 구성하는 글들은 각기 고유한 맛을 지니고 있어야 한다. 이는 작가가 김치찌개를 잘한다고 전체 코스를 김치찌개로만 구성할 수 없는 이유이기도 하다. 각기 다른 글들이 모여 전체적으로 조화와 균형을 이루는 것, 그것이 책이다.

요리사가 전체 코스를 머릿속에 그리면서 요리를 준비하듯, 책을 쓰는 작가는 글을 쓸 때에도 그 글이 전체 책 구성에서 어디에 들어가는지 염두에 두고 글을 써야 한다. 각각의 글은 각기 다른 효용과 용도로 사용된다. 에피타이저에 해당하는 글은 무겁지 않으면서 책의 맛을 돋우는 용도로 쓰이며, 메인 요리에 해당하는 글은 풍성한 내용과 식감을 전달 수 있어야 하고, 디저트에 해당하는 글은 앞 맛을 정리하면서 깔끔하게 기억에 남도록 써야 한다. 무거운 주제를 디저트에 해당하는 부분에 제시하는 것은 금물이다.

직렬 vs 병렬

전지를 연결할 때 병렬과 직렬이 있는 것처럼 책도 병렬식 책과 직렬식 책이 있다. 물론 이 둘이 혼합된 경우도 있다.

병렬식으로 구성된 책의 대표적인 사례는 칼럼집 같은 경우다. 산문 시사 칼럼이 되었든, 교육 칼럼이 되었든 특정 주제로 연재를 하다가 일정한 분량이 되면 모아 책을 내기도 한다. 물론 책을 낼 때에는 적당한 소주제끼리 묶어 다시 배열해서 독자가 읽기에 수월하게 만든다. 문학에서는 시집이 이에 해당한다. 시인들은 일정 기간 써놓은 작품들 중 발표할 만한 괜찮은 작품들을 선별하여 책으로 엮는다.

글쓰기와 책 쓰기는 완전히 다르다

직렬식으로 구성된 책의 대표적인 사례는 소설이다. 시간순으로 구성한 스토리이거나 인과적으로 구성된 플롯이거나 자연스런 흐름을 염두에 두고 쓴다. 연극 대본이나 시나리오도 마찬가지이다. 기행문도 일정별로 정리되었다는 점에서는 직렬식 구성의 책이라 볼 수 있다.

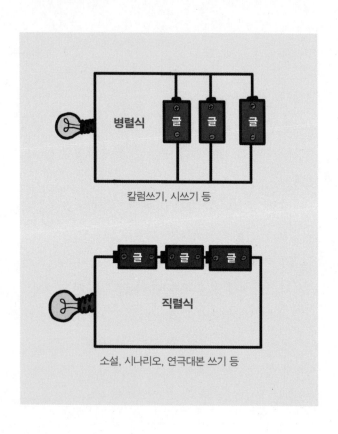

칼럼쓰기, 시쓰기 등

소설, 시나리오, 연극대본 쓰기 등

예를 들면 이 책은 직렬식 구성이 주를 이룬다. 뒤에서 주로 다룰 책 쓰기 5단계의 경우, 책을 쓰는 시간적 순서에 따라 구성되어 있다. 이처럼 책을 병렬식으로 구성할지 직렬식으로 구성할지는 책을 쓰는 목적에 따라 달라질 수밖에 없다.

초보 작가의 경우, 처음부터 소설 쓰기를 염두에 두고 있지 않다면, 병렬식 구성으로 연습을 하다가 자신감이 붙으면 직렬식 구성을 시도해보는 것도 하나의 방법이다. 병렬식 구성의 경우 글들의 독립성이 강해 글들을 축적하기 쉽지만, 직렬식 구성은 앞의 스토리가 막히면 뒤의 스토리로 연결되기 어렵다는 난점이 있다.

책 쓰기 전 단계인 글쓰기에서 첫 문장을 못 쓰면 글을 쓰지 못하는 사람은 직렬식 구성에 집착하는 사람이다. 순서대로 써야지만 직성이 풀리는 사람, 시험 볼 때도 순서대로 풀려야만 문제가 풀리는 사람은 중간에 막히거나 모르는 문제가 나오면 낭패를 겪게 된다. 서론이 안 써지면 본론부터 쓰고 서론을 나중에 써도 아무 문제 없다. 병렬식 구성은 잘 써지는 것부터 쓰면서 축적하고 나중에 보충하는 방식으로 쓸 수 있다. 초보자에게 어울리는 구성 방식이라 할 수 있다.

분량과 사이즈를 정하는 일

책의 분량은 일정하지 않다. 쓰고자 하는 책의 용도와 목적을 충족시키는 정도라고 생각하면 그것이 분량이다. 과거에는 책이 되려면 적어도 원고지 1천 매 안팎은 되어야 했지만, 요즘에는 전문 서적이 아닌 교양서는 700~800매만 써도 되는 경우가 있으며, 청소년용 도서의 경우에는 500~600매만 되어도 책이 만들어진다. 소책자의 경우에는 분량이 더 적다. 그러니까 무조건 많이 쓴다고 좋은 것은 아니라는 말이다. 그렇다고 적게 쓴 책이 좋은 책이라는 말 또한 아니다. 그렇게 치자면 그림책이야말로 가장 좋은 책이 아니겠는가.

요즘 들어 스마트폰에서 읽을 수 있는 전자책도 출간

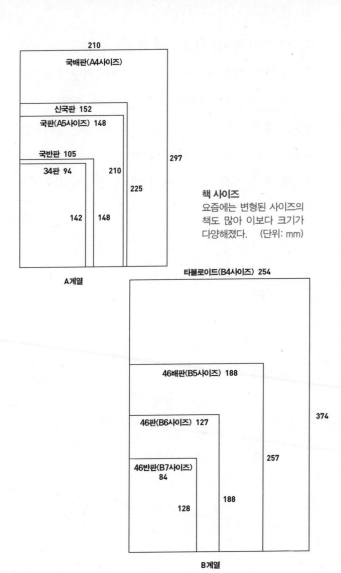

210
국배판(A4사이즈)

신국판 152
국판(A5사이즈) 148

국반판 105

34판 94

210

225

297

142

148

A계열

책 사이즈
요즘에는 변형된 사이즈의
책도 많아 이보다 크기가
다양해졌다.　(단위: mm)

타블로이드(B4사이즈) 254

46배판(B5사이즈) 188

46판(B6사이즈) 127

46반판(B7사이즈)
84

128

188

257

374

B계열

글쓰기와 책 쓰기는 완전히 다르다

되는데, 종이책과는 달리 눈의 피로도가 높아 압축적으로 글을 쓰는 경향이 늘어나고 있다. 정보 전달이 목적인 경우에는 전자책도 편리하겠지만, 다양한 문체나 깊은 사유를 경험하고자 하는 사람은 전자책보다는 종이책을 선호하게 된다. 한편 책의 판형(사이즈)도 다양해져서 주머니에 쏙 들어갈 정도의 사이즈인 포켓북의 경우에는 분량이 더 줄어들기도 한다.

작은 성공을 쌓으며
두려움을 없앨 것

책의 분량에서도 확인했겠지만 기본적으로 책 쓰기는 글쓰기에 비해 많은 시간을 투자해야 하는 작업이다. 원고 분량이 많을수록 더 많은 시간이 투여되는 것은 묻지 않아도 알 수 있다. 그래서 처음으로 책을 쓰는 사람은 자신의 체력과 습관에 맞게 책 쓰기를 구상해야 한다. 글쓰기가 습관화되어 있는 사람이거나 책을 쓸 시간이 넉넉한 사람의 경우에는 많은 분량이 필요한 대규모 프로젝트를 진행해도 되지만, 대부분 초보 작가의 경우에는 습관이 들지 않아 많은 분량에 도전하면 도중에 포기할 가능성이 높다.

물론 자신이 써야 하는 책의 성격에 따라 일정한 분량

글쓰기와 책 쓰기는 완전히 다르다

을 채워야겠지만, 처음에 책을 쓸 때에는 너무 의욕을 앞세워 욕심 부리기보다는 소책자 정도의 글을 쓰겠다는 마음으로 구상하고 도전해볼 필요가 있다. 기억할 것은 아무리 적은 분량이라도 글을 쓰는 것이 아니라 책을 쓰는 것이라는 사실이다. 그리고 한번 정했으면 끝까지 밀어붙여야 한다. 작은 성공의 경험이 쌓이면 더 큰 성공을 거둘 수 있지만, 작은 실패가 쌓이면 나중에는 도전하기도 두렵게 된다. 욕심을 줄이고 성공하자.

내 경우를 예로 들어보자면, 나는 6~10회에 걸쳐 이어지는 강의를 진행하기 전에 교재용 소책자를 만드는 버릇이 있다. 원고로 치면 200~300매 정도의 책을 2주 이내에 만드는 연습을 많이 하였다. 일주일에 100매 정도니까 하루에 20~30매 정도를 쓴 것이다. 비록 200~300매의 소책자라 하더라도 책을 만드는 마음으로 구성하고 원고를 작성하였다. 이렇게 만든 소책자가 스무 권이 넘는다. 이 책으로 강의를 하고, 강의를 마친 후 내용을 보충하면 훌륭한 책으로 재탄생되기도 한다.

그러니 처음부터 최종 완성본을 만들겠다는 욕심을 버리고, 책을 만드는 절차에 따라 소책자를 만들어서 책만들기 근육을 키우는 것도 좋은 방법이다. 혼자서 쓰기 어렵다면 마음에 맞는 친구(들)와 협업을 할 수도 있다.
같이 구상하고 역할을 분담하여 글을 쓴 후 나중에 같이
다듬으면 된다. 핵심은 책을 만드는 과정 전체를 따라 해
보는 것이다.

글쓰기와 책 쓰기는 완전히 다르다

Check List _____ 나는 어떤 책을 쓰고 싶은가?

자, 책에 대해서 어느 정도 감을 잡았다면 다음 질문에 답해보자.

❶ 나는 어떤 주제(과제)로 책을 쓸 것인가?

❷ 주제(과제)를 잘 드러내는 구성은 병렬식인가, 직렬식인가?

❸ 어느 정도 분량으로 쓸 것인가?

❹ 기간은 어느 정도 설정할 것인가?

❺ 혼자 쓸 것인가, 같이 쓸 것인가?

내가 처음으로 청소년 철학소설을 쓴 것은 탐 출판사에서 옛날 디딤돌 출판사에서 출간한 일곱 권의 청소년 철학소설의 후속 작품을 써야 했기 때문이다. 시리즈물로 기획된 책의 새로운 출발을 내가 맡은 셈이다. 그때 내가 쓴 책이 『스피노자, 퍼즐을 맞추다』(2013)였다. 왜 하필 스피노자냐고 묻는다면, 나와 같이 공부하던 학부모님들의 요청이었다고 말해야겠다. 당시에 나는 학부모들과 스피노자의 『에티카』를 공부하고 있었는데, 좋은 내용이기는 하지만 너무 어려워서 청소년 자녀들에게 읽히기 부담스러우니 청소년도 읽을 수 있게끔 쉽게 써달라는 부탁을 받곤 했다.

철학을 전공한 사람들도 어려워한다는 그 책을 청소년용으로 써달라니 무리한 부탁이 아닐 수 없었다. 그런데 곰곰 생각해보니 만약에 내가 스피노자의 『에티카』를 청소년용으로 쓴다면 국내 유일무이한 책이 될 것이었다. 그래서 골치를 싸매고 『에티카』를 소설화하여 낸 책이 바로 『스피노자, 퍼즐을 맞추다』였다(사실 이 책은 두 가지 버전이 있다. 마치 내 이야기처럼 쓴 버전과 안경점 주인을 주인공으로 쓴 버전. 책으로 나온 것은 두 번째 버전이다). 흥행에 성공했냐고? 실패했다. 스피노자는 교과서에도 안 나오고, 선생도 모르고, 학부모도 모르고, 학생은 더더욱 모르니 어찌 잘 팔렸겠는가? 가장 심혈을 기울인 책이 가장 안 팔렸다.

어쨌든 그것이 인연이 되어 탐 출판사에 이후로 네 권의 청소년 철학소설을 추가하게 된다. 양반 박지원이 아니라 마부 창대를 주인공으로 새로 쓴 『박지원, 열하로 배낭여행 가다』(2014), 이타주의와 이기주의를 대표하는 중국철학자 묵자와 양주를 2020년 통일 한국의 로봇으로 재탄생시킨 『묵자 양주, 로봇이 되다』(2015), 광해군 때에 반란을 꿈꿨던 시대의 반항아 허균을 오늘날의 서울대 학생으로 설정하여 쓴 『허균, 서울대 가다』(2018), 마지막으로 예수의 삶과 죽음을 그의 여제자인 마리아의 입장에서 쓴 『예수, 신의 아들이 되다』(2020) 등이다.

한편 사계절 출판사에서도 청소년 철학책을 한 권 냈는데, 『장자, 아파트 경비원이 되다』(2017)이다. 평소에 내가 제일 좋아하는 철학자인 전국시대 사상가 장자를 현대의 아파트 경비원으로 바꾸어 아파트에서 벌어지는 사건들을 철학적으로 풀어가는 이야기다.

짤막한 설명에서도 짐작할 수 있겠지만, 나는 소설을 쓸 때 온갖 상상력을 발휘하여 완전히 새로운 무대와 인물로 재창조하여 썼다. 철학이 어렵다 보니 청소년들이 재밌게 읽을 수 있게끔 나름대로 기발한 아이디어와 상상력을 발휘하여 될 수 있으면 쉽게 써내고자 했다. 이 여섯 권의 소설책은 작가로서 나의 상상력을 키울 수 있는 훈련의 장이 되었다. 상상력도 훈련이다. 그 훈련이 가능하려면 낯선 시간과 장소로, 낯선 인물로 상황을 변화시키면 된다. 작품 속 상황을 낯선 것으로 만들수록 상상력은 더욱 발휘되게 마련이다.

CHAPTER
4

문장이 아니라
책의 구조를 만드는
일상 루틴

앞에서는 '작가란 무엇인가? 책이란 무엇인가?'를 다루었다.
책을 쓰는 작가와 작가가 쓰는 책을 이야기한 것은
무엇보다 출발점과 목표점을 분명히 하기 위해서였다.
어디서 출발해야 하는지, 어디로 가는지가 분명해야
도중에 길을 잃더라도 다시 길을 찾을 수 있기 때문이다.

이제 나는 책 쓰기와 관련된 나의 비결을
여러분에게 공개할 생각이다.
실제로 한 작가가 10여 년 동안 스무 권이 넘는 책을 썼다면
분명 남과는 다른 방식의 책 쓰기 비결이 있을 것이다.
나의 비결이 모든 책 쓰기의 비결이 되지는 않겠지만
나름 실용성이 높은 비결임은
읽다 보면 분명히 느낄 수 있을 것이다.
여러분에게 큰 도움이 되길 바란다.

계속 책을 쓰려면
씨앗을 남겨라

책을 써왔던 지난날을 생각해본다. 처음에는 의욕이 넘쳤으나 절제가 부족했고, 중간에는 실험 정신으로 살아왔으며, 지금은 차분하게 정리하는 기분이다. 책 한 권도 쓰지 않았던 청소년 시절에도 나는 '커서 작가가 될 거야'라고 막연하게 생각했고, 책을 읽을 때도 '이 책보다 더 좋은 책을 내야지'라고 생각했다. 어렸을 적에는 책을 쓰는 사람은 금세 부자가 될 것이라고 생각했다. 그리고 책을 쓰는 일은 참으로 매력적일 것이라고 생각했다. 스무 권 넘게 책을 쓴 지금은 책을 내면 부자가 된다는 생각을 하지 않는다. 그것은 거의 기적에 가까운 일이다. 하지만 책을 쓰는 사람은 참으로 매력적일 것이라는 생

문장이 아니라 책의 구조를 만드는 일상 루틴

각은 여전히 한다. 그 말은 맞기 때문이다.

책을 쓰는 일은 인류가 문자를 발명하고 나서부터 지금까지 가장 위대한 일이라고 생각한다. 인류의 정신문화 유산 중에서 책만한 것을 꼽기는 쉽지 않다. 지금은 지구촌이라 불릴 만큼 지구 반대편을 왕래하는 일이 쉬워졌지만, 과거에 그런 일은 기적에 가까운 것이었다. 그때에도 사람은 오지 않았지만 책은 왔다. 그렇게 지구촌 인류는 책을 통해 서로 다른 정신문화를 접하고 공유해 왔다. 이 얼마나 멋진 일인가?

인터넷으로 전 세계가 같은 시간대에 살게 되었지만, 오늘날에도 책을 쓰는 일은 참으로 매력적이다. 세상 사람들을 모두 직접 만나기란 불가능하지만, 책을 통해서는 평생을 살아도 다 못 볼 사람들을 얼마든지 만날 수 있다. 몸으로는 평생 만 명 만나기도 힘들겠지만, 책으로는 수십만 명을 만날 수 있다. 나는 죽는 날까지 이 매력적인 일을 계속할 것이다.

그동안 내가 냈던 책의 목록을 쭉 훑어봤다.

1994년 10월	철학사냥 1 (민맥)	**(30살에 처음 책) 14년**
2008년 10월	영어 뇌를 키우는 그리스로마 신화 1 (청어람미디어)	**1개월**
2008년 11월	영어 뇌를 키우는 그리스로마 신화 2 (청어람미디어)	**2개월**
2009년 01월	영어 뇌를 키우는 그리스로마 신화 3 (청어람미디어)	**3년 11개월**
2012년 12월	처음 만나는 우리 인문학 (생각의길)	**1개월**
2013년 01월	청소년을 위한 인문학 레시피 (삶창)	**1개월**
2013년 02월	참된 인간의 길을 묻다, 논어 (파란자전거)	**1개월**
2013년 07월	처음 만나는 동양 고전 (생각의길)	**5개월**
2013년 11월	스피노자, 퍼즐을 맞추다 (탐)	**4개월**
2014년 11월	박지원, 열하로 배낭여행 가다 (탐)	**1년**
2015년 06월	묵자 양주, 로봇이 되다 (탐)	**7개월**
2015년 09월	캘리북 4권 – 논어, 도덕경, 마가복음, 어린왕자 (블루베리)	**3개월**
2016년 10월	가장 유쾌한 자유와 평등 이야기, 장자 (파란자전거)	**1개월**
2016년 11월	제정신으로 읽는 예수 (삶창)	**1개월**
2016년 12월	철학의 쓸모 (생각의길)	**2개월**
2017년 02월	장자, 아파트 경비원이 되다 (사계절)	**1년**
2018년 02월	허균, 서울대 가다 (탐)	**0개월**
2018년 02월	내가 나 같지 않아서 (청어람e)	**1개월**
2018년 03월	청소년 농부 학교 (창비)	**5개월**
2018년 08월	너무 재밌어서 잠 못 드는 철학 수업 (생각의길)	**4개월**

서른 살에 얼떨결에 만든 첫 번째 책부터 14년이 지
난 2008년에 본격적으로 책을 쓰기 시작해 2020년 현재
까지 스물일곱 권의 책을 썼다. 2008년부터 현재까지 13
년으로 잡으면 평균 잡아 매년 두 권씩 책을 쓴 셈이다.
2013년에는 네 권의 책이 나왔고, 2015년에는 다섯 권
의 책이 나왔으며, 2018년에도 다섯 권의 책이 나왔다.
올해에도 네 권 이상의 책이 나올 것이다. 그야말로 책을
쓰면서 책을 쓴 꼴이다. 이렇게 많은 책을 쓸 수 있었던
비결은 뭘까? 그 이야기를 하려 한다.

누구나 책 쓰기에 초보였던 적이 있다. 이 말인즉, 처
음부터 책을 잘 쓰는 사람은 없다는 것이다. 글이 쓰면
쓸수록 실력이 늘듯이, 책 또한 만들면 만들수록 실력이
는다. 나는 이 '성실의 법칙'을 강력히 믿는다. 성실(誠實)
이란 말 속에서는 '정성(誠)'을 다하면 반드시 '열매(實)'

를 맺는다는 자연의 법칙이 담겨 있다. 농부가 결실을 기대하고 성실하게 일하듯이, 작가 또한 때맞춰 성실히 써야 한다. 농부가 한 해 농사를 망쳤다고 다음 해 농사를 포기하지 않듯이, 작가 또한 이번 책을 망쳤다고 다음 책 쓰기를 포기하지 말아야 한다.

농부는 농사를 마친 후 가장 좋은 씨앗을 먹지 않고 남겨둔다. 그것을 '종자(種子)'라고 한다. 전쟁이 나고 기근이 들어도 종자는 먹지 않는다. 다음 해 농사를 포기하지 않는 한, 농부는 종자를 자식처럼 귀하게 여긴다. 작가에게도 이러한 종자가 있다. 바로 메모와 방 만들기다.

문장이 아니라 책의 구조를 만드는 일상 루틴

자잘한 메모들의 쓸모

메모야말로 작가의 종자다. 허공에 떠도는 생각을 눈에 보이는 형태로 남겨두는 것이 메모이며, 좋은 책을 읽다가 남기고픈 생각을 옮겨 적는 것도 메모다. 좋은 착상이나 좋은 문장이야말로 메모의 핵심이다.

예전에는 종이 카드에 메모를 남겼지만, 요즘은 스마트폰의 메모 프로그램에 메모한다. 작가들 중에는 전문노트 필기 앱인 '에버노트'를 잘 활용하는 사람도 많지만, 나는 그냥 스마트폰에서 기본적으로 제공하는 메모 프로그램에 메모를 남기는 편이다. 과거의 종이 카드와 달리 사진과 따 붙이기 기능이 있어, 직접 손으로 작성하지 않더라도 기록으로 남겨놓을 수 있다.

스마트폰 메모의 장점은 기록을 남긴 시간과 제목 등을 알 수 있다는 점이다. 나는 주로 메모 프로그램에 나의 집필이나 활동 아이디어를 기록해둔다. 생각하거나 책을 읽다가 만나는 좋은 문장의 경우에는 페이스북을 이용하여 노출시킨다. 나름 SNS를 활용하고 있는 셈이다.

명구 메모

좋은 문장이 떠오르거나 좋은 문장을 만나면 나는 반드시 기록해놓는다. 그것은 나의 독서 기록의 핵심인 동시에 앞으로 집필할 책의 좋은 자양분이 된다. 좋은 문장은 좋은 문장을 부른다. 좋은 문장은 좋은 아이디어로 확장된다. 그 문장들이 확장되어 글이 될 수도 있고, 더 크게는 책의 출발점이 될 수도 있다. 아래는 내가 페이스북에 써놓은 명구들이다. 어느 문장이든 마음에 드는 것 하나를 골라보라. 그 문장을 인용하든 안 하든 글쓰기의 시작이 될 수 있다.

문장이 아니라 책의 구조를 만드는 일상 루틴

집필이나 활동 아이디어

삶과 글쓰기는 따로 가지 않는다. 삶이 글이 되고, 글이 삶이 되는 것이다. 좋은 활동을 하면 좋은 글감을 만날 수 있고, 좋은 글쓰기는 좋은 활동으로 연결되는 것이 좋다. 삶과 글이 따로 노는 것이 아니라, 함께 춤추도록 만들면 이보다 더 좋은 삶은 없다.

나의 메모장의 한 페이지를 캡처해보았다. 사진은 생략하고 화면에 보이는 타이틀만 적어보겠다. 그리고 그

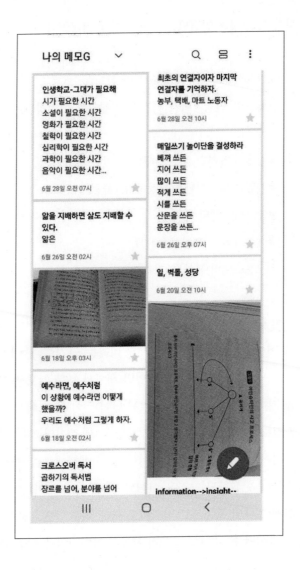

나의 메모G ∨   Q 器 ⋮

인생학교-그대가 필요해
시가 필요한 시간
소설이 필요한 시간
영화가 필요한 시간
철학이 필요한 시간
심리학이 필요한 시간
과학이 필요한 시간
음악이 필요한 시간...

6월 28일 오전 07시 ⭐

앎을 지배하면 삶도 지배할 수 있다.
앎은

6월 26일 오전 02시 ⭐

6월 18일 오후 03시 ⭐

예수라면, 예수처럼
이 상황에 예수라면 어떻게 했을까?
우리도 예수처럼 그렇게 하자.

6월 18일 오전 02시 ⭐

크로스오버 독서
곱하기의 독서법
장르를 넘어, 분야를 넘어

최초의 연결자이자 마지막 연결자를 기억하자.
농부, 택배, 마트 노동자

6월 28일 오전 10시 ⭐

매일쓰기 놀이단을 결성하라
베껴 쓰든
지어 쓰든
많이 쓰든
적게 쓰든
시를 쓰든
산문을 쓰든
문장을 쓰든...

6월 26일 오후 07시 ⭐

일, 벽돌, 성당
6월 20일 오전 10시 ⭐

information-->insight--

III   O   <

것이 어떤 것과 연결되는지 괄호 안에 써넣었다.

> #인생학교 - 그대가 필요해 (활동)
>
> #최초의 연결자이자 마지막 연결자를 기억하라.
> (글감)
>
> #앎을 지배하면 삶도 지배할 수 있다. (글감)
>
> #매일쓰기 놀이단을 결성하라. (활동)
>
> #일, 벽돌, 성당 (글감)
>
> #예수라면, 예수처럼 (책감)
>
> #크로스오버 독서 (책감)

이 중에서 뭔가 익숙한 것이 보이지 않는가? 맞다. 다섯 번째 메모인 '일, 벽돌, 성당'이라는 글감이다. 이번 책에 써먹기 위해 과거에 읽었던 책에서 문득 떠오른 것을 기록한 것이다. 그리고 이 세 단어가 이 책의 핵심 종자였다. '벽돌이 글쓰기라면, 성당은 책 쓰기다'라는 아이디어가 여기에서 생긴 것이다. 물론 메모에 적힌 모든 것들이 현실화되는 것은 아니다. 어떤 활동 아이디어는 실제로 나의 활동으로 바뀌기도 한다. 예를 들면 '매일쓰기 놀이단'은 내년도 글쓰기 활동의 아이디어다. 나는 내년도에 이 놀이단을 결성하여 즐거운 글쓰기를 실천할 생각이다.

　나에게는 이러한 메모들이 수백 개 있다. 가끔 심심할 때 메모를 보며 생각을 확장시키거나 글로 만들어보기도 한다. 메모를 보다가 더 좋은 생각이 떠오르면 메모를 업그레이드한다. 이렇게 수시로 메모를 남겨놓으니, 항상 글감이 넘쳐나는 것이다.

각자의 방을 만들어라

메모 차원이 아니라 쓰고 싶은 책이 구체적으로 떠오르면 따로 컴퓨터 초기 화면에 방(파일)을 만들어 책 제목을 써놓는다. 그리고 평소에 다양한 활동을 하다가 그 책과 관련된 정보가 생기면 갈무리하여 그 방에 저장해둔다. 어떤 때는 책을 쓰다가도 떠오르는 책의 아이디어가 생기면 일단 방을 만들어놓는다. 일단 방을 만들어놓으면 그 방을 꾸밀 재료들이 눈에 들어오기 마련이다. 그렇게 매년 여러 개의 방이 만들어진다. 그중에서 그해에 완성된 원고는 따로 빼내어 완성 원고 방으로 옮겨놓고, 그해에 완성하지 못한 원고들은 다음 해로 이사를 가거나 폐기되기도 한다. 예를 들어, 2020년 나의 작업실을 보

자. 스물네 개의 방이 있다.

↑ ↓ ← → │ > 2020년 작업 > │ >

즐겨찾기 (바로 가기)	이름	수정한 날짜	유형
바탕 화면	가치세우는 횡사색사	2020-02-13 오후 4:26	파일 폴더
다운로드	고양신문칼럼	2020-08-04 오후 12:24	파일 폴더
문서	고독의 관광에서 순도높은	2020-08-16 오후 10:19	파일 폴더
사진	대학생을 위한자전거	2020-07-06 오후 6:09	파일 폴더
독서노트	독서노트	2020-05-07 오후 11:06	파일 폴더
인문학원간자료	무지개책	2020-04-26 오전 11:57	파일 폴더
장자의 맛	반야심경	2020-04-20 오후 4:51	파일 폴더
책쓰는책	서여이야그림일기	2019-12-18 오후 9:48	파일 폴더
OneDrive	셰이프 21세기 자기계발	2020-08-16 오후 7:04	파일 폴더
	소설구상	2020-08-05 오후 4:45	파일 폴더
	읽고자 노자유상	2020-01-10 오후 11:10	파일 폴더
내 PC	북조인간	2020-07-27 오후 2:27	파일 폴더
3D 개체	인문학 평생기-사계발	2020-05-11 오후 3:12	파일 폴더
HP OfficeJet Pro 8&...	자기를 위한 철학	2019-11-07 오후 4:02	파일 폴더
다운로드	작가의 용안돌기	2020-01-02 오후 2:13	파일 폴더
동영상	장자의 맛	2020-07-24 오후 11:20	파일 폴더
문서	책쓰는책	2020-07-09 오후 5:01	파일 폴더
바탕 화면	정신세이	2020-08-20 오후 3:11	파일 폴더
사진	철학에세이	2020-06-01 오후 5:01	파일 폴더
음악	철학자의 비유를	2020-08-25 오전 12:57	파일 폴더
토핑 디스크 (C:)	청소년을 위한 미래철학	2020-08-24 오전 1:16	파일 폴더
DATA (D:)	청소년철학하자사느냐 죽느냐	2019-12-24 오전 1:05	파일 폴더
	프로나19선악 19	2019-12-27 오전 3:12	파일 폴더
		2020-07-22 오후 5:10	파일 폴더
		2020-04-23 오전 1:49	파일 폴더

이 방들 중에서 고양신문칼럼, 독서노트, 소설구상은 항상 이번 해에는 여기 있다가 다음 해로 넘어가는 방이다. 지속적으로 원고를 쓰고 있는 방이기 때문이다. 한편 교육의 관점에서 쓴 도덕경, 세이브 21세기 자기계발, 장자의 맛, 책쓰는책, 청소년을 위한 미래철학은 이번 해에 완성될 원고들이라 다 쓰면 완성 원고 방으로 옮겨진다.

나머지 방들이 다음 해 작업실로 옮겨질지, 아니면 채워 넣을 내용이 별로 없거나 집필 계획이 사라져버리면서 지워질지는 아직 잘 모르겠다. 그건 연말에 가서 결정하면 된다.

작가는 책을 읽으며 책을 쓴다

작가는 책을 쓰는 사람인 동시에 책을 읽는 사람이다. 좋은 음식을 먹어본 사람이 좋은 음식을 만들 수 있는 것처럼, 좋은 책을 골라 읽는 능력이 있는 사람이 좋은 책을 구상하여 쓸 수 있다. 내 '2020 독서노트' 방에 들어가보니 이 글을 쓰고 있는 2020년 10월 현재 아흔 세 개의 독서노트가 있다(이 독서노트는 브런치에 들어가 내 방을 찾아보면 다 읽을 수 있다. brunch.co.kr/@0070kky).

2020년 3월부터 브런치 작가로 등록하여 그 해 읽은 책에 대한 글을 남겼는데, 벌써 100개 가까이 된다. 부지런히 읽고 부지런히 썼구나. 물방울이 바위를 뚫을 수 있다는 말이 실감 난다.

2020 독서노트

93 매거진 글

책읽기   # 독서노트   # 서평쓰기

(매거진 관리) (글쓰기)

2020 독서노트 92 : 고병권의 <자본>

2020 독서노트 91 : 이수연 작가의 첫 단편소설집

2020 독서노트 90 : 읽고 쓰는 장강명

2020 독서노트 89 : 기생충과 가족

2020 독서노트 88 : 김종철 사후 녹색평론

2020 독서노트 87 : 김탁환, 농부과학자를 만나다

작가는 책을 읽기만 하는 독자와는 조금 다르다. 작가는 책을 읽으면서도 책을 기록하는 사람이다. 읽으면 기록에 남겨놓는 버릇이 작가로서의 기초 활동이다. 어떤 작가들은 이런 책 읽기의 기록만을 모아 책을 내기도 한다. 그야말로 책을 읽으며 책을 쓰는 것이다. 좋은 서평은 좋은 작가를 만든다.

이상의 정보를 종합해보건대, 내가 어떻게 한 해에 여러 권의 책을 쓸 수 있는지 짐작할 수 있을 것이다. 작가는 자기가 작업한 것들을 한꺼번에 모으지 않고, 메모를 남기거나 방을 만들어 질서 있게 정리할 수 있어야 한다. 이렇게 작가로서 매일매일 꾸준히 실천하다 보면 자기도 모르는 사이에 여러 권의 책들을 쓰게 되는 셈이다. 물론 모든 작업이 성공적인 것만은 아니다. 어떤 작업은 도중에 흥미를 잃을 수도 있고, 어떤 작업은 완성되지 못한 채로 다음 해로 넘어가기도 한다. 그러나 실패가 되었든 성공이 되었든 그 또한 작가로서 성실하게 수행해야 할 훈련 과정이다. 글쓰기 근육이 괜히 만들어지는 것이 아니다.

농사를 짓는 농부는 계절마다 다른 작물을 심는다. 봄

문장이 아니라 책의 구조를 만드는 일상 루틴

에 심는 감자 같은 작물이 있고, 가을이 다가오면 심는 배추나 무 같은 작물이 있으며, 겨울이 다 되어 심는 마늘이나 양파 같은 작물이 있다. 철이 든다는 말은 계절을 안다는 말이고, 언제 심어야 할지 언제 거둬야 할지 안다는 말이다. 농부는 철에 맞춰 부지런히 심고 가꾸고 거두어들인다. 작가도 마찬가지다. 부지런히 시기에 맞춰 책을 쓰면서 또 책을 쓸 준비를 한다. 동시에 작업하기도 하고, 요일을 정해 각기 다른 작업을 하기도 하며, 일상적으로 하는 작업과 집중적으로 해야 하는 작업 모두를 소홀히 하지 않는다. '작가는 책을 쓰며 책을 쓴다'는 의미가 바로 이것이다. 작가는 철철이 부지런히 심고 가꾸고 거둬들이고 또 심는 성실한 농부와 무척 닮은 존재다.

대화로만 책을 쓸 수 없을까? 이런 아이디어로 만든 책이 우리학교에서 나온 『소크라테스는 왜 우리 집 벨을 눌렀을까?』(2019)와 『장자에게 놀고 먹는 법을 배우다』(2020)이며, 청어람e에서 나온 『내가 나 같지 않아서』(2018)와 『우리끼리면 뭐 어때』(2018)이다.

우리학교에서 나온 앞의 두 책은 소크라테스, 공자, 부처, 예수 등 4대 성인을 집으로 소환해 하루 홈스테이를 하면서 세 끼 식사를 나누며 하는 대화와 온 가족이 중국의 전국시대로 시간 여행을 떠나 묵자, 맹자, 장자, 한비자 등 당대의 대표적인 사상가를 만나 나누는 대화로 구성되어 있다. 여기에 등장하는 가족이 바로 우리 가족이다. 가족을 등장인물로 만들어놓고 SF적 이야기를 구성하는 재미가 쏠쏠했다. 중간중간 교양 만화를 삽입했는데, 만화는 전문 만화가가 그렸지만, 만화를 각색한 것은 내 몫이었다. 사이사이에 만화가 들어가는 잡지 같은 색다른 책이다.

청어람e에서 나온 뒤의 두 책은 내신 5등급을 받는 오영이라는 고등학생이 학교생활을 하면서 겪는 다양한 사건들을 다룬 시나리오적 구성의 소설이다. 책의 편집 자체를 만화체로 말풍선을 이용하여 만든 실험작이었다. 4인이 공동 구성하고 역사 교사가 대표 집필한 작품이니 엄밀히 말해 내가 쓴 책은 아니지만, 같이 구성하고 아이디어를 나눴다는 점에서 나에게도 조금의 지분이 있는 책이다. 대표 집필한 작가는 내가 가장 사랑하는 후배 교사였다. 그 또한 내가 탐 출판사에 소개하여 청소년 소설을 두 권이나 쓴 작가이다.

나는 책을 낼 때마다 내용도 쉽게 쓰려고 노력하지만, 내용을 담는 그릇인 형식도 다양하게 만들어보려고 노력한다. 맛있는 음식을 멋진 그릇에 담아 먹는 것처럼 인생에서 즐거운 일은 없다. 많은 책을 쓰려면 내용의 변화뿐만 아니라 형식의 변화도 시도해봐야 한다.

단계별 책 쓰기 실전 노하우

이제부터는 작가가 책을 쓰기까지 거쳐야 할
5단계를 다룰 것이다.
시작과 끝뿐만 아니라 그 중간 과정을 다룬다.
이 과정을 거쳐야 책이라는 목표에 도달할 수 있다.
책을 쓰기에 앞서서 준비해야 할 것은 무엇인지
책을 쓰면서 염두에 두어야 할 것은 무엇인지
책을 실제적으로 쓰면서 조심해야 할 것은 무엇인지
책의 초고를 쓰고 나서 어떠한 일이 남았는지
책을 다 쓰고 나서는 어떠한 일을 해야 하는지
최종적으로 책이 나오고 나서는 어떻게 해야 하는지
자세히 살펴보는 것이다.
이 모든 과정을 여러분의 몸에 익히기를 바란다.
분명 많은 도움이 될 것이다.

1단계 :
책을 쓰기 전에

자, 상상해보자. 집에 친구를 초대하여 6시에 저녁 식사 대접을 하기로 했다. 그러면 무엇을 준비해야 하는가? 당연히 함께 즐길 음식들이다. 성인이라면 분위기를 돋우는 약간의 술도 포함될 것이다. 함께 머릿속으로 준비하는 과정을 상상해보자.

① 제일 먼저 고려할 점은 초대의 목적이다. 자신의 생일이라서 초대했다면 생일을 기념하는 것이 초대의 이유이다. 물론 심심해서 그냥 재미로 초대할 수도 있다. 이때에는 재미가 초대의 이유가 될 것이다.

② 두 번째로 몇 명이나 초대했는지도 따져봐야 한다. 잔치라고 불렀는데 먹을 음식이 충분하지 않다면 초대받은 사람은 조금은 실망할 것이다(물론 겉으로는 드러내지 않겠지만). 다섯 명을 초대했다면 5인분의 식사를 준비해야 할 것이다. 한 가지 더 고려할 것이 있다. 초대한 사람들의 취향을 고려해야 한다. 초대한 사람 중 채식주의자가 있는데, 아무 생각 없이 고기 음식만 준비하면 그것은 상대에 대한 실례가 되니까.

③ 세 번째로 중요한 것은 무슨 음식을 대접할지 결정하는 것이다. 한식으로 할지, 중식으로 할지, 양식으로 할지, 아니면 퓨전으로 할지 큰 방향을 정해야 한다. 요즘에는 인터넷으로 음식을 주문하여 먹는 것이 대세지만, 일단 주인이 직접 음식을 만들어서 대접하는 것을 기본으로 하겠다. 몇 가지 음식을 얼마나 대접할지 메뉴를 짜야 한다. 자신이 잘할 줄 아는 음식으로 메뉴를 짜면 준비 시간이 줄어들 것이고, 오랜만에 새로운 음식에 도전한다면 준비 시간이 길어질 것이니 잘 조절해야 한다.

④ 다음으로는 식단에 맞는 재료가 준비되어 있는지

살펴봐야 한다. 냉장고에 어떤 음식 재료가 있는지 보고, 추가로 필요한 것이 있다면 미리 구입해야 한다. 부족하지 않도록 조금 넉넉하게 준비하면 된다.

⑤ 준비된 재료들을 잘 손질해야 한다. 여러 가지 요리를 한꺼번에 하는 요리사들을 보면 레시피에 맞춰서 잘 준비된 재료를 순서대로 차려놓고 요리한다. 모든 재료가 필요한 만큼(!) 나열되어 있으니 실제로 음식을 만드는 과정에서 시간 낭비를 줄일 수 있다.

⑥ 재료가 준비되었다면 이제 요리를 시작하면 된다. 주의할 점은 초대한 친구들이 오기 전에 음식 준비를 마쳐야 한다는 점이다. 6시가 되어 친구들이 왔는데, 그제야 재료를 준비하고 있다면 낭패다. 친구들이 왔을 때 맛있는 음식이 차려져 있다면, 그리고 그날 친구들이 만족하는 잔치 자리가 되었다면 대성공이다. 주인도 즐겁고 친구들도 즐겁다.

책을 쓰기 전에 준비하는 것도 이와 마찬가지이다. 책을 쓰기 전에 잘 준비해두면 책을 쓰는 것도 수월하다.

책을 쓰고 싶은데 전혀 쓰지 못하거나, 책을 쓰다가 도중에 포기하게 되는 것은 준비가 부족하기 때문이다. 준비가 덜 된 상태에서 책을 쓰게 되면 책을 쓰는 데 실패하거나 자신이 상상했던 좋은 책을 쓸 수 없게 된다. 그러니 준비 과정을 철저히 하자. 자, 그러면 잔칫상을 준비하듯이 책을 쓰는 준비 과정에 들어가보자.

책을 쓰는 목적 정하기

왜 책을 쓰려고 하는가? 책을 써서 이루고자 하는 바는 무엇인가? 어떤 책을 쓰고 싶은가? 이 질문들에 답해보자. 생일날 친구들과 함께 맛있는 저녁을 먹기 위해서 음식을 준비하는 것처럼, 자신이 쓰고자 하는 책의 목적이 분명해야 길을 잃지 않게 된다. 책을 쓰는 도중에 나는 누구? 여긴 어디? 이런 질문을 던질 수는 없지 않은가.

책을 쓰는 목적이 분명하면 책 쓰기가 수월할 것이다. 그러니 책을 쓰기에 앞서 솔직하게 자신이 책을 쓰는 목적(이유)을 따져보자. 생일 선물을 받기 위해서 잔칫상을 준비했다고 말해도 된다. 즉, 돈을 많이 벌려고 책을 쓴다고 해도 상관없다. 많은 저자들이 그러한 경제적 이유를 제일의 목표로 삼아 책을 쓰기도 한다. 자신을 널리 알리고 싶어서 책을 쓰는 사람들도 있다. 국회의원들이 선거를 앞두고 자신의 홍보를 위해서 출판기념회를 하려고 책을 쓰기도 한다. 책은 자기 홍보의 유용한 도구이기도 하다. 기업의 CEO들이나 연예인들도 회사나 자신을 홍보하기 위해 책을 쓴다. 게다가 직업적인 작가들도 책이 많이 팔려야 생계를 이어갈 수 있다. 경제적 이유가 되었든 명예나 자기 홍보의 이유가 되었든 책을 쓰는 데에는 사적인 욕망이 깊숙이 자리 잡고 있기 마련이다.

그러나 그러한 사적 욕망만을 드러내는 책은 보기에도 민망스러울 때가 많다. 책이 팔릴수록 칭찬을 받기보다는 욕을 먹기 십상이다. 돈이나 명성은 목적이라기보다는 결과라고 보아야 할 것 같다. 좋은 책이니까 많이 팔리고, 좋은 책이니까 칭찬을 받는 것이다. 그러니 우선은 좋은 책을 쓰려고 해야 한다. 그러면 무엇이 좋은 책인가? 좋은 책이 되는 조건이야 많겠지만 나는 다음과 같은 책을 좋은 책이라고 생각한다.

▶ 공감을 얻을 수 있는 책

▶ 새로운 정보나 깨달음을 주는 책

▶ 인생의 맛과 멋을 알게 하는 책

▶ 독자를 돌아보게 하는 책

▶ 용기를 북돋는 책

▶ 더 나은 개인, 가족, 공동체, 사회를 위하여 분투
   하는 책

제일 중요한 게 빠졌다고? 맞다. 재미가 있어야 한다. 재미는 모든 좋은 책에 들어갈 요소다. 그래서 뺐다. 이 중에서 여러분은 어떤 책을 쓰고 싶은가?

내가 쓰고자 하는 책의 목적을
구체적으로 기록해보자.

(이 책을 구매하고 여기까지 읽었다면 쓰고 싶은 책 한권은 있을 터이니
반드시 써보고 다음 페이지로 넘어가자)

단계별 책 쓰기 실전 노하우

독자 상상하기

잔치 자리에 누구를 초대할지 구체적으로 고민하듯이, 책을 읽는 독자를 구체적으로 떠올려보는 것이 중요하다. 그저 많은 사람이 내 책을 읽었으면 좋겠다고 막연하게 바라면 곤란하다. 그건 잔치에 아무나 오라고 말하는 것과 같다. 독자층을 확실히 정해야 책을 쓸 때 초점을 맞출 수 있다.

강원국은 『나는 말하듯이 쓴다』를 쓰면서 과거에 자신과 함께 일했던 30대 여성을 떠올리며 글을 썼다고 말했다. 그러니까 그는 이 책의 독자를 30대 직장인 여성으로 정하고 글의 내용이며 문체 등을 고려했다는 이야기이다. 한국에서 최대의 독자층이 30대 직장인 여성임을 파악하고 쓴 영리한 독자 선택이라고 할 수 있다. 물론 강원국의 책을 30대 직장인 여성만 읽었다는 이야기는 아니다. 다양한 연령층이 그의 책을 읽었다. 그렇다하더라도 특정한 독자층에 초점을 맞춘 글쓰기는 글의 내용을 더욱 실감 나고 구체적으로 만든다.

나의 경우는 청소년 소설을 쓸 때, 나의 아이들을 최

초의 독자로 상상하고 글을 쓴다. 이제 어느덧 커서 청년들이 되어버렸지만, 내가 쓴 청소년 소설의 대부분은 우리 아이를 상상하며 글을 썼고, 실제로 그들이 최초의 독자가 되었다. 아이들에게 읽혀 오케이 사인이 떨어지면 안도했고, 불만을 이야기하면 그 의견을 반영하여 글의 내용과 문체를 고쳤다.

특정한 독자를 상상하며 책을 쓰는 것은 책의 독자층을 제한하는 것이 아니라 책의 구체성을 높이는 방법이다. 둥근 원을 그릴 때 중심이 흐트러져서는 안 되는 것처럼, 책을 쓸 때 구체적인 독자를 앞에 두고 쓰자. 그 독자가 구체적이면 구체적일수록 그 글은 더욱 생동감 있게 살아난다.

내가 쓰고자 하는 책의 독자를
구체적으로 기록해보자.
(쓰고 싶은 책이 여러 권이라면 독자도 다양하게 상상해보자)

콘셉트 정하기

'소문난 잔치에 먹을 것이 없다'라는 말이 있다. 차린 건 많은데 먹을 것이 없다는 평가를 받는다면 슬픈 일이 아닐 수 없다. 책도 마찬가지이다. 겉보기에 이러저러한 정보도 많고 중간중간 읽을거리도 넘쳐나는데 막상 다 읽고 나서 남는 것이 없다면 참으로 곤란하다.

마케팅에서는 '콘셉트(concept)'를 중요시한다. 소비자에게 '다른 제품이 아닌 바로 이 제품을 사야 하는 이유'를 제시하는 것이 콘셉트다. 제품의 우수성과 차별성을 명확히 드러내어 구매까지 연결된다면 우수한 콘셉트가 된다.

이는 책 쓰기와도 직결된다. 출판사로 수많은 원고들이 찾아오는데, 그중 출판사가 선택하는 책은 콘셉트가 분명한 책이다. 어찌 보면 다른 시장과 마찬가지로 출판 시장도 콘셉트의 시장이라고 해도 과언이 아니다. 책 제목부터 제작, 홍보, 판매에 이르기까지 콘셉트가 명확히 잡혀 있으면 나름 성공하지만, 콘셉트가 잡혀 있지 않다면 아무리 좋은 내용이라도 팔리지 않는다. 콘셉트가 중요하다.

그러면 어떻게 콘셉트를 정해야 할까?

▶ 시대적 흐름을 읽자 : 같은 내용이라도 시대적 흐름을 탄다면 더 많은 독자들과 만날 수 있는 기회가 주어진다. 너무도 많이 팔려서 제목만으로도 다양한 논쟁을 불러일으켰던 김난도의 『아프니까 청춘이다』는 경제적 불황의 시대에 대학을 졸업하고도 취업난에 시달리며 불안한 삶을 살아야 했던 청년 세대에게 용기를 주는 책이었다. 마이클 샌델의 『정의란 무엇인가』나 유발 하라리의 『사피엔스』 역시 시대적 흐름을 잘 타고 자신의 생각을 펼쳐 유명해진 책들이다. 좋은 콘셉트의 배경에는 이런 시대적 흐름이 있다.

▶ 독자의 니즈(needs)를 파악하자 : 정성껏 만든 음식도 손님의 입맛에 맞지 않는다면 버려지고 말 것이다. 책도 결국은 독자를 위해서 쓰는 것이다. 내 책을 읽을 독자의 상황을 잘 읽어내야만 책이 읽힐 수 있다. 내 책이 읽히려면 우선 독자를 읽어야 한다. 좋은 콘셉트는 독자를 외면하지 않는다.

▶ 나만의 우수성과 차별성을 드러내자 : 다른 사람도 아닌 내 글을 왜 읽어야만 하는가? 다른 작가와는 구별되는 나만의 차별성은 무엇인가? 경험인가? 관점인가? 내용인가? 전망인가? 능력인가? 자신의 장점을 잘 드러낼 수 있는 것은 어떠한 것들이 있는지 따져보고 기록해보자. 좋은 콘셉트는 자신을 잘 파악한다.

▶ 책 전체를 한 문장으로 정리해보자 : 책 전체를 대변하는 관점이나 정신을 한 문장으로 정리해보자. 마치 광고 카피처럼! 예를 들어 나이키의 광고 카피 'JUST DO IT'처럼. 상대방에 대한 격려와 스포츠의 도전 정신이 잘 드러나지 않는가. SNS상에 등장한 해시태그인 '#Me-too' 역시 시대정신과 관점을 대변하는 훌륭한 슬로건의 일종이다.

내 책 전체를 대변하는 관점이나 정신을
한 문장으로 기록해보자.
(쓰고 싶은 책들을 모조리 떠올리고 책마다 콘셉트를 생각해보자)

목차 구성하기

생일잔치에 초대할 친구들이 정해지고 준비할 음식의 큰 방향성이 정해지듯이, 글의 목적도 정해지고 독자도 구체화되었다. 책의 콘셉트도 잡혔다. 그렇다면 다음 단계는 구체적인 식단을 짜듯 책의 목차를 구성해보는 것이다.

유의할 점은 식단을 구성할 때 자신의 능력 안에서 짜는 것처럼, 책의 목차 구성도 자신의 능력 안에서 이루어져야 한다는 점이다. 괜히 욕심을 부려 능력에서 벗어나는 목차를 짜게 되면 결국은 책 쓰기가 불가능해진다. 잔치가 되었든 책 쓰기가 되었든 능력 안에서 치러야 한다. 잔치를 치르기도 전에 잔치가 끝나면 안 된다.

자, 목차를 구성할 때 주의할 점은 다음과 같다.

▶ 책 전체의 분량 : 책의 분량은 쓰고자 하는 내용에 따라 달라지겠지만, 초보자의 경우에는 너무 욕심을 부리면 안 된다. 대략 200자 원고지 기준 500매(A4 용지 70

장, 책으로는 200쪽 안팎) 정도의 분량을 생각하자.

▶ 구성의 흐름 : 책에서 다루고 싶은 내용을 제목형이든 문장형이든 써보는 것이다. 목차의 세부 항목을 구성할 때 유의할 점은 자연스럽게 읽히도록 흐름을 잡아야한다는 것이다. 시간의 흐름이든, 논리적 흐름이든, 영역의 흐름이든 흐름이 자연스러워야 글쓰기에도 좋다.

▶ 내용의 비중(분량의 배분) : 책에서 중요하게 다룰 내용에 비중을 두어야 한다. 글도 마찬가지이지만 책 구성이 용두사미(龍頭蛇尾)가 되면 곤란하다. 이를 방지하기위해 목차를 구성할 때 원고지의 매수도 같이 기록해놓으면 도움이 된다.

▶ 전체적 통일성 : 목차가 백과사전처럼 펼쳐지면 곤란하다. 다양한 내용을 다루고 있더라도 주제(소재)가 같은 큰 덩어리로 묶어서 통일성을 부여해야 한다.

나 같은 경우, 목차를 구성할 때 도표처럼 정리했는데, 요즘은 마인드맵의 방식을 이용하기도 한다. 두 가지 사례를 모두 살펴보자. 첫 번째 예시는 2020년에 나온 청소년 소설『예수, 신의 아들이 되다』를 작업할 때 써놓고 참고한 목차다.

　이 소설은 예수의 수난과 부활 사건을 예수의 여제자 막달라 마리아의 관점에서 써본 것으로, 이를 위한 목차는 최초의 복음서인『마가복음』의 사건들을 기준점으로 삼아 요일별로 나누고, 거기서 다룰 내용들과 쓸 분량을 기록해놓은 것이다. 시간순으로 기록하였기에 직렬식 구성으로 한 목차이다.

　한편 다음 목차를 보자. 이번에는 마인드맵을 이용하여 목차를 구성했다.

　이 목차는 현재 집필 중인『장자의 맛』이라는 책의 목차로 중국 고전『장자』에 나오는 300개가 넘는 에피소드 중에서 커피의 여섯 개의 맛에 해당하는 에피소드를 각 열 개씩 선별하여 고전을 소개하고 그에 대한 감상을 기록하고자 목차를 작성하였다. 주제별로 묶어서 병렬식으로 구성한 목차이다. 분량을 따로 적어놓지 않은 이

예수, 신이 되다

■ 구성안(450매)

각 장	성경 인용	다룰 내용	분량/매수
프롤로그		예수를 만나러 가는 여정 - 역사를 통틀어 만나본 예수 찾기 된 이야기	50매
(세례요한) 막 1:1-11	나귀를 예수님께 인증/군중의 환호/베들레헴과 강	• 예수와 막달라 마리아의 대화 1 - 예수와 어린 시절	50매
광야유혹 막 1:12-19	다시 예루살렘 입성 /무화과 사건/ 환전상을 뒤엎음/겟세마네	• 예수와 막달라 마리아의 대화 2 - 예수의 하느님	50매
막요일 막 1:20-13:37	포도 농부들의 비유 예수를 잡으려고 모의/음모	• 예수와 막달라 마리아의 대화 3 - 예수의 짧은 시절	50매
수요일 막 14:1-11	인자/예수의 관한 논쟁/세금 논쟁/부활논쟁/계명논쟁/다윗 자손으로/헌금/재난 예고	• 예수와 막달라 마리아의 대화 4 - 예수의 공가로 개방운	50매
목요일 (유월절 저녁식사) 막 14:12-72	베다니아 시몬의 집/향유사건/유다 예수를 팔아넘길 음모	• 예수와 막달라 마리아의 대화 5 - 예수의 죽음	50매
성 금요일 (재판, 처형) 막 15:1-47	예수삶 전반에서 회상이 연상/출생 /겟세마니 기도/유다의 배반과 체포 빌라도의 심문/총독/살인 산호/빌라도/채찍질/예수 채찍질과 부인	• 막달라 마리아의 회상 - 어떻게 살 것인가? 예수의 고민 이야기	50매
	오전 6시-9시 빌라도의 심문/산헤드린/로마의 십자가형 오전 9시-정오 십자가 위에서 정오~오후 3시 온세상 어둠이 덮힘 오후 3시-6시 운명 가로/부엌이 찢어짐 오후6시~ 예수를 안치함		70매
토요일 (무덤에 묻힌 예수)	예수의 묘 참배		30매
에필로그	예수의 묘 참배	• 부활 이야기 / 빈 무덤 사건	50매

검사의 맛

prolog — 현재(현재)/과거의 인

epilog — 현재 검사의 자리

유는 각 에피소드당 A4 용지 한 장에서 한 장 반 분량으로 쓰겠다고 생각했기 때문이다.

이렇게 목차를 미리 구성하는 장점은 여러 가지가 있지만 가장 중요한 것은 직접 글을 쓸 때 자신이 쓴 글이 어디에 속해 있는지 알 수 있다는 점이다. 목차가 정해지면 중간부터 글을 써도 그 글의 흐름을 파악할 수 있다. 그렇게 되면 순서대로 글을 쓰지 않고, 띄엄띄엄 글을 쓰더라도 나중에 퍼즐을 맞추듯이 전체적인 통일성을 줄 수 있게 된다.

물론 글을 쓰다 보면 목차대로 글을 쓰지 않고 중간에 변경되는 부분도 있다. 하지만 그러한 변경이 전체의 흐름을 방해하지만 않는다면 목차는 여전히 유용한 것이다. 설령 전체적인 목차가 바뀌게 되더라도 원래의 목차가 있었기 때문에 더 나은 목차가 생성된 것일 가능성이 매우 높다.

요리사가 대접할 요리의 목차를 작성하듯, 작가는 자신이 쓸 책의 목차를 반드시 써봐야 한다. 간혹 프로 작가들 중에서 목차 없이 책을 쓰는 사람이 있는데, 그들 역시 머릿속으로는 큰 흐름의 목차를 작성하고 있다고 봐야 한다. 초보 작가라면 목차가 있느냐 없느냐가 책 쓰기의 성패를 좌우하는 것이니 반드시 목차를 작성하자.

재료 모으고 다듬기

요리할 음식의 종류와 순서가 정해졌다면 그에 필요한 재료를 마련해야 한다. 그와 마찬가지로 책을 쓰는 작가는 목차에 따라 쓸 글감을 모으고 정리할 필요가 있다.

요리를 좋아하고 요리를 많이 해본 사람이라면 웬만한 재료들은 집에 있을 것이다. 미리미리 재료를 준비해 놓았으니 요리를 하는 것도 훨씬 수월하다. 하지만 초보 요리사라면 요리 재료를 모두 갖추고 있기 어렵다. 불가분 재료를 파는 마트에 가서 사 와서 다듬고 준비해야 한다.

책 쓰기도 마찬가지이다. 책의 재료는 글감이다. 준비된 글감과 준비할 글감을 점검하여 필요한 글감을 마련하고 다듬어야 한다. 한 가지 염두에 둘 것은, 글감이 많다고 해서 좋은 책이 되는 것은 아니라는 점이다. 이는

단계별 책 쓰기 실전 노하우

많은 재료와 양념을 때려 넣는다고 맛있는 음식이 되지 않는 것과 마찬가지이다. 신선한 재료와 적절한 양념의 조화가 맛있는 음식을 만들듯이, 신선한 글감을 적절하게 마련해서 써야 한다.

자, 우리에게 어떤 글감이 있는지 점검하자.

준비된 글감

▶ 작가의 고유한 경험 : 작가의 고유한 경험만큼 신선한 글감은 없다. 남의 이야기를 하는 것보다 자신의 이야기를 하는 것이 진솔하게 독자에게 다가간다. 고유한 경험이라고 하니 남들이 하지 않은 특이한 경험을 상상하는 사람이 있을까 봐 하는 이야기인데, 고유한 경험이란 특이한 경험만을 가리키지 않는다. 남들과 유사한 일상적 경험이라도 작가의 고유한 생각이 담기면 고유한 것이 된다. 경험도 중요하지만 경험을 바라보는 시선이 더욱 중요하다.

▶ 작가가 읽은 것들 : 읽는다는 것이 책에만 국한되는 것은 아니다. 영화나 연극, 드라마나 예술 작품도 작가가

읽은 것에 해당한다. 최근에 읽은 것뿐만 아니라 오래전에 읽은 것도 문제가 되지 않는다. 고전에 해당하는 작품은 깊은 맛이 있어 조금만 사용해도 글맛을 더욱 풍성하게 만들 수 있다.

준비할 글감

▶ 관련 서적 : 자신이 쓰고자 하는 책과 유사하거나 관련된 주제를 다루고 있는 책을 읽고 정리할 필요가 있다. 관련 서적을 모두 읽을 수는 없기에 독자들의 호응이 높은 책을 선별하여 읽고 필요한 부분을 정리하는 것도 방법이다. 때로는 독자가 많이 읽지는 않았지만 자신에게 꼭 필요한 책을 찾아서 읽고 정리하는 안목이 필요하다.

▶ 관련 정보 : 자신이 다루고자 하는 내용과 관련된 정보를 잘 검색해서 갈무리해두는 것도 필수이다. 예전에는 관련 정보를 구하기가 참으로 어려웠지만, 요즘에는 인터넷이 발전하여 웬만한 정보들을 쉽게 검색하여 구할 수 있다. 유의할 점은 그렇게 검색된 정보들이 신뢰할 만한 것인지 선별하고 판단할 수 있는 안목이다. 잘못된 정보, 왜곡된 정보를 이용했다가 낭패를 볼 수 있으니

주의해야 한다.

재료 모으고 다듬기에서 꼭 하고 싶은 이야기는 평소에 준비를 많이 하면 할수록 책 쓰기에 유리하다는 점이다. 시험 때가 닥쳐서야 벼락치기를 하는 학생보다 평소에 예습과 복습을 잘 하는 학생이 좋은 성적을 거둘 확률이 높은 것처럼, 평소에 관심 있는 분야들을 많이 읽고 정리해놓으면 나중에 책을 쓸 때 큰 도움이 된다. 그런 점에서 메모와 정리의 힘을 키우는 것이 작가에게는 필수 사항이다.

아울러 미리 준비된 재료가 많으면, 목차 또한 풍성하고 알차게 구성할 수 있다. 음식 재료가 하나도 없어서 모든 재료를 구입해야 하는 요리사와 평소에 음식 재료를 다양하게 갖추고 있어 언제든지 자신이 원하는 요리를 만들어낼 수 있는 요리사를 상상해보면, 내 말뜻을 정확히 알 수 있을 것이다.

이 책에서는 '재료 모으고 다듬기'를 준비 단계의 ⑤번 항목으로 넣었지만, 사실 ⑤번 항목은 책의 어느 곳에 끼워 넣어도 문제가 되지 않는다. 평소에 글감이 될

Chapter 5

만한 것들을 많이 경험하고 읽고 정리하면, 쓰고 싶은 책도 많아질 것이고, 독자의 니즈도 잘 파악할 것이고, 콘셉트도 잘 잡을 것이고, 목차 구성도 다양하고 풍성하게 할 수 있을 것이다. 평소에 글감을 많이 마련하여 다듬고 정리해서 갈무리해두자.

초보 작가가 쓴 책을 쉽게 내줄 출판사는 거의 없다. 물론 모든 책을 출판사에서 낼 필요도 없다. 필요로 하는 사람 수에 맞춰 적은 분량을 제작할 수도 있고, 독립 출판의 형식으로 개인이 직접 책을 제작하여 판매할 수도 있으며, 종이의 형태가 아니더라도 다양한 방식으로 자신의 책을 노출시킬 수도 있다.

하지만 책을 써서 기존의 출판사에서 출판하고 싶다면, 아무 출판사에나 출판될 때까지 쓴 책을 투고하는 방식이 아니라, 자신이 쓴 책과 궁합이 맞는 출판사를 알아볼 필요가 있다. 비유컨대 대학에 진학하거나 기업에 취업하고 싶은 사람이라면 자신이 원하는 대학이나 기업에 대해서 조사하고 그들이 원하는 조건을 갖추도록 준비를 해야 하는 것과 마찬가지이다.

따라서 자신이 쓴 책을 어디어디 출판사에서 내고 싶다면, 그 확률을 높일 수 있는 방법은 평소에 그 출판사가 내는 책들을 읽고, 그 출판사가 어떤 유형의 책을 많이 내는지 분석해보는 것이다. 쉽게 말해 그 출판사가 내고자 하는 책을 처음부터 구성하고 쓰는 것이 출간에 유리할 수 있다. 물론 오로지 한 출판사만을 바라보고 책을 쓰는 것은 어리석은 일이다. 경쟁 출판사들은 얼마든지 있으니, 경쟁 출판사들 역시 조사하고 살펴야 한다. 책만 쓰면 되었지 굳이 출판사의 성향까지 알아야 하냐고 고집하면 어쩔 수 없는 일이지만, 작가가 출판사에 정성을 다하는 만큼이나 출판사도 작가에게 좋은 기회를 줄 가능성이 있다는 사실만큼은 기록해두고 싶다.

한편 책을 출판하는 데 유명한 대형 출판사가 항상 유리한 것만은 아니다. 그들은 초보 작가보다는 유명 작가들의 작품을 더욱 선호할 것이며, 설령 초보 작가의 책이 그 출판사에서 나왔다고 하더라도 수많은 책을 홍보하는 입장이고 보면 초보 작가의 책은 홍보의 우선 순위에서도 밀려날 가능성이 비교적 높다. 따라서 초보 작가라면 출판사의 유명세나 규모에 연연하지 말고 자신의 책을 정성스럽게 다뤄줄 중견 출판사나 작은 출판사를 선택하는 것도 좋은 방법이다.

때로는 의욕 있고 능력 있는 1인 출판사를 살펴보는 것도 출간의 기회를 높이는 좋은 방법이다. 1인 출판사의 경우 규모는 작지만, 자신이 내는 책 한 권 한 권을 소중하게 생각하기 때문에 더욱 정성을 쏟을 가능성이 높다. 최근에는 1인 출판사들이 부쩍 늘어 개성 있고 실력 있는 출판사들이 많아지고 있으니 잘 살펴보자.

분야별 출판사 목록
내가 쓰고 싶은 내용과 유사한 책을 참고하기 위해 서점의 도서들을 뒤적이다 보면 분야별로 다양한 출판사가 매우 많음을 알 수 있다. 먼저 분야별로 찾아볼 필요가 있어 아래와 같이 정리한다. 종합 출판사는 거의 모든 분야를 다루고 있고 분야에 맞게 브랜드 이름이 다르니 분야별 출판사를 살펴볼 때 겹치는 곳들은 잘 참고하기 바란다.

〔 종합 대형 출판사 〕
창비, 열린책들, 민음사, 문학동네, 시공사, 21세기북스, 위즈덤하우스, 다산북스, 웅진지식하우스, 김영사, 알에이치코리아, 쌤앤파커스, 중앙북스, 청림출판, 인플루엔셜

소설/시/희곡

현대문학, 수오서재, 은행나무, 북스피어, 더모던, 북플라자, 아르테(21세기북스), 예담(위즈덤하우스), 다산책방(다산북스), 비채(김영사), 문학과지성사, 팩토리나인, 북로그컴퍼니, 밝은세상, 허블

에세이

피카, 포레스트북스, 떠오름, 다산책방(다산북스), 어크로스, 은행나무, 마음의숲, 강한별, 예담(위즈덤하우스), 필름, 아르테(21세기북스), 스튜디오오드리, 달(문학동네), 허밍버드, 빌리버튼, 피어오름, 애플북스, 비에이블, 유노북스, 정토출판, 난다, 마인드빌딩, 세미콜론, 수오서재, 부크럼, 북하우스, 가나출판사, 마음산책, 흔, 스노우폭스북스, 윌북, 흐름출판, 자음과모음

인문

지노, 북드라망, 그린비, 앤의 서재, 어크로스, 유노라이프(유노북스), 글항아리, 나무의 철학, 다산초당(다산북스), 웨일북, 해냄, 와이즈베리, 김영사, 메디치미디어, 카시오페아, 부키, 한빛라이프(한빛출판사), 빌리버튼, 알마(문학동네), 더퀘스트, 세계사, 을유문화사, 비에이블, 동아시아, 생각의 힘, 메이븐, 유노북스, 메멘토, 흐름출판, 북하우스, 유유, 사이언스북스(민음사), 갤리온(웅진지식하우스), 미디어숲, 사회평론, 심플라이프

역사/인물

그린비, 사이, 더봄, 세계사, 다산초당(다산북스), 책과함께, 비에이블, 북드라망, 서해문집, 북라이프, 지식프레임, 사람과나무사이, 윌북, 폭스코너, 소소의책, 돌베개, 사계절, 을유문화사, 생각의길, 북멘토, 미래의 창, 창비, 비아북, 한빛비즈, 휴머니스트, 민음인(민음사), 현암사

예술

북로그컴퍼니, 블랙피쉬, 돌베개, 예경, 티나, 비타북스, 동양북스, 시드앤피드, 레진코믹스, 윌북, 위즈덤하우스, 42미디어콘텐츠

종교

규장, 책과함께, 도서출판 위드지저스, 정신세계사, 인디북, IVP, 생명의 말씀사, 새물결플러스, 두란노, 아바서원, 홍성사, 디모데, 비아토르, 나무의 마음(불교), 정토출판(불교), 42미디어콘텐츠, 휴(불교), 통나무, 바오로딸(천주교), 복있는사람, 킹덤북스, 토기장이, 아가페출판사, 운주사(불교), 불광출판사(불교)

사회/정치

천년의 상상, 사이, 와이즈베리, 메디치미디어, 갈라파고스, 어크로스, 추수밭(청림출판), 오마이북, 글항아리, 열아홉, 동아시아, 생각의 힘, 지식의숲, 이후, 우리학교, 후마니타스, 세종서적, 윌북, 한겨레출판, 뜨인돌, 부키, 따비, 심플라이프, 북센스, 시공사, 돌베개, 인

물과사상사, 황금가지, 제철소, 비잉,

자연과학

지노, 사이언스북스, 을유문화사, 부키, 어크로스, 한빛비즈, 다산사
이언스, 더퀘스트, 동아시아, 더숲, 아날로그(글담), 윌북, 북라이프,
알마, 그린북, 뿌리와이파리, 궁리출판, 세종서적, 커넥팅, 보누스,
길벗, 에코리브르, 가나출판사, 웨일북, 열린책들, 푸른숲, 알에이치
코리아,

경제경영

포레스트북스, 스노우폭스북스, 길벗, 지식노마드, 한국경제신문사,
쌤앤파커스, 페이지2, 비에이블, 더퀘스트, 라이팅하우스, 토트출판
사, 위너스북, 퍼블리온, 흐름출판, 베가북스, 비즈니스북스, 한빛비
즈, 미래의창, 리더스북(웅진지식하우스), 메이트북스, 토네이도,

자기계발

포레스트북스, 피카, 갤리온, 수오서재, 웅진지식하우스, 차이정원,
유영, 한국경제신문사, 성안당, 다연, 8.0, 현대지성, 토네이도, 비즈
니스북스, 한빛비즈, 심플라이프, 한빛라이프, 부크럼, 알에이치코리
아, 21세기북스, 안드로메디안, 스몰빅라이프, 북라이프, 위즈덤하
우스, 스노우폭스북스, 카시오페아, 김영사

유아/어린이

책읽는곰, 한솔수북, 삼성출판사, 길벗어린이, 웅진주니어, 아이휴먼, 애플비북스, 토토북, 보림, 사계절, 북뱅크, 시공주니어(시공사), 보물창고, 비룡소(민음사), 만만한 책방, 한림출판사, 진선아이, 상상박스, 라이카미, 문학동네, 푸른숲주니어, 국민서관, 아울북(21세기북스), 미래엔, 길벗스쿨, 단꿈아이, 담푸스, 아이휴먼, 창비, 을파소, 위즈덤하우스, 파란정원, 주니어김영사(김영사), 북멘토, 동양북스,

청소년

지노, 포레스트북스, 자음과모음, 창비, 문학동네, 비룡소(민음사), 메이븐, 어크로스, 다산에듀(다산북스), 탐, 팜파스, 뜨인돌, 더난에듀, 휴머니스트, 푸른숲주니어

여행

달(문학동네), 해냄, 가디언, 중앙북스, 파르페북스, 포스코너, 좋은여름, 북라이프, 타블라라사, 청미래, 상상출판, 프롬북스, 나무자전거, 아담북스, 꿈의지도, 길벗, 넥서스books, 푸른숲, 성안당,

가정 살림(육아, 요리 등)

다산에듀(다산북스), 청림라이프(청림출판), 길벗, 미디어창비(창비), 책구루, 슬로래빗, 카시오페아, 코리아닷컴, 서울문화사, 21세기북스, 삼성출판사, 한빛라이프, 북라이프, 유노라이프,

2단계 : 원고 쓰기

자, 모든 사전 준비가 끝났다면 드디어 원고 쓰기 단계로 들어가보자.

중요한 것부터 쓴다

원고 쓰기를 실행할 준비가 되었는가? 원고를 어떻게 쓸까? 처음부터 쭉 한번에 쓸 수 있다면 얼마나 좋겠냐마는 현실은 기대하는 바와는 다른 경우가 많다. 수학 시험을 볼 때 앞의 몇 문제는 수월하게 풀었는데, 대여섯 번째 문제에서 막히는 경우 어쩔 것인가? 끝내 풀고 넘어 간다면 시간이 엄청 소요될 것이다. 소설과 같은 경우야 어쩔 수 없는 사태이지만, 에세이라면 준비된 목차를 따라서 이어 쓸 필요는 없다. 그러면 어떤 순서로 원고를 채우면 될까?

원고에는 유효기간이 있다

만약에 수능 시험을 칠 때 무한정 시간이 주어진다면 좋겠지만, 제한 시간 내에 풀어야만 한다. 책 쓰기가 수능 시험과 똑같은 성격의 것은 아니지만, 책 쓰기에도 유효 기간이 있다는 것을 명심하기 바란다. 특히 시대적 상황을 반영하는 책 쓰기라면 그 상황의 영향이 끝나기 전에 출간되어야만 읽히게 된다. 상황이 종료되고 나서 책이 출간되면 그 책의 판매는 보나마나 뻔하다. 망한 것이다.

시대적 상황만 그런 것이 아니다. 작가의 관심의 집중 도도 그만큼 영향을 미친다. 고독과 관련된 책을 준비하고 쓰려 하는데, 원고가 잘 진행되지 않아 차일피일 미루다가 작가의 관심이 연애로 넘어가버린다면, 그는 더 이상 고독에 대한 책을 쓸 수 없게 된다.

나 같은 경우에도 기획만 잔뜩 해놓고 원고 쓰기를 미

루는 바람에 결국 관심사가 다른 곳으로 이동하면서 쓰지 못한 책이 열 권 이상은 된다. 따라서 책을 쓸 때에는 자신의 집중도가 얼마나 되는지를 따져보면서 원고 쓰기를 진행해야 한다.

특히 출판사와 미리 계약을 해놓고 쓰는 원고라면, 계약서에 원고 마감 기한이 있게 마련이다. 작가는 그 기한을 지키는 것을 매우 중요하게 생각해야 한다. 기한을 지키는 작가는 신용도가 높아져 다음번 책도 수월하게 계약할 수 있다. 대개는 계약서를 쓸 때 짧으면 6개월에서 길게는 1년 정도로 원고를 넘기는 기한을 정한다. 하늘이 두 쪽 나기 전에는 그 기한을 지키도록 최선을 다해야 한다.

혹자는 말한다. 그러면 원고 기한을 2년이나 3년 정도로 넉넉히 잡아 계약하면 되지 않느냐고. 이렇게 계약서를 쓰는 출판사도 없을뿐더러, 설령 그렇게 긴 기한을 준다고 해도 전혀 작가에게 유리하지 않다. 작가의 집중도가 그리 오래가지 못할뿐더러, 기한이 길어지면 오히려 게을러져 원고를 더 쓸 수 없게 된다.

더 불행한 것은 많은 시간을 들여 원고를 작성했는데, 그 원고가 더 이상 필요 없게 되는 상황이 벌어질 때도 있다는 점이다. 나 같은 경우에는 논술 관련 책을 계약하고 1년이 넘게 걸려 집필을 완료했는데, 논술 시장이 축소되는 바람에 출간 자체가 취소되는 경우도 있었다. 그 야말로 닭 쫓던 개 지붕 쳐다보는 격이었다.

그러니 기억하자. 반드시 원고는 기한을 정해놓고 쓰자. 1년 기한이라면 6개월을 준비하여 6개월을 집필하자. 물론 이 집필 기간에는 퇴고가 포함되어 있다. 6개월이 기한이라면 3개월을 준비하고 3개월은 집필에 집중하자. 물론 작가마다 다른 비율을 선택할 수 있지만, 대개는 준비:집필=1:1이 적당하다.

준비 기간 : 집필 기간 = 1 : 1

책의 순서와 원고를 쓰는 순서는 다르다

책의 처음을 보면 '들어가며' 또는 '서문'이나 '작가의 말'이 나온다. 그리고 목차가 나오고 본격적으로 본문이 시작된다. 그러면 그러한 순서대로 쓴 것일까? 아는 사람은 다 알겠지만, 들어가며, 서문, 작가의 말 등의 제목을 걸고 쓴 원고는 책을 다 쓴 후에 책 전체를 조망하면서 가장 나중에 쓴 것이다. 제일 앞에 놓여 있지만 가장 나중에 쓴 글이라는 말이다.

그건 그렇다고 치고 목차에 나온 순서대로 글을 쓴 것일까? 맞을 수도 있고, 틀릴 수도 있다. 작가가 목차를 잡고 순서대로 글을 썼다고 해서, 그 순서에 따라 책이 출간되는 것은 아니다. 원고가 완성되더라도 최종적으로 출간하기까지 원고의 내용뿐만 아니라, 목차도 완전히 뒤바뀔 수가 있다. 시대의 흐름에 따라 통시적으로 쓴 글인데, 출간될 때에는 주제별로 묶여서 다시 편집되어 나오는 경우도 있다.

이런 이야기들을 장황히 설명하는 이유는 책을 쓸 때에 반드시 자신이 정해놓은 목차에 따라 원고를 집필할 필요는 없다는 것을 말하기 위해서다. 오히려 목차가 정해지면 편안하게 그 목차에서 자신이 가장 자신 있는 부분, 가장 중요한 부분부터 집필하는 것도 하나의 방법이다.

중요한 것부터 쓰는 습관

스티븐 코비가 쓴 『성공하는 사람들의 7가지 습관』이라는 책이 있다. 책 쓰기와 관련된 책은 아니지만 1994

년도에 출간되어 10년 넘게 사랑을 받아온 자기계발서다. 그중에서 세 번째 습관은 책 쓰기에도 유용한 지침이 된다. '소중한 것을 먼저하라'라는 것이다.

스티븐 코비는 이를 업무의 우선순위라고 말하는데, 그는 이를 설명하는 방식으로 하나의 커다란 통 안에 큰 돌과 작은 돌, 모래를 채워놓는 방법을 보여준다. 모래를 먼저 채우고 나서 그 속에 큰 돌과 작은 돌을 쑤셔 넣으면 결코 모든 돌을 채워 넣을 수 없다. 먼저 큰 돌을 채우고, 그 사이에 작은 돌을 채운 후, 나중에 모래를 쏟아부으면 모든 돌들이 통 안에 채워진다. 큰 돌은 반드시 해야만 하는 가장 중요한 업무이고, 작은 돌은 하면 좋은 업무이고, 모래는 해도 그만이고 안 해도 그만인 업무를 뜻한다.

책을 쓰는 원고도 마찬가지이다. 반드시 써야만 하는 글이 있고, 쓰면 좋은 글이 있고, 써도 그만 안 써도 그만인 글이 있다. 다시 말해 원고에도 우선순위가 있다는 말이다. 그런데 초보 작가들은 정작 중요한 원고를 쓰기도 전에 디테일에 빠져서 써도 그만 안 써도 그만인 원고를 붙잡고 전전긍긍하곤 한다. 정작 그러한 원고들은 나중에 책을 다 쓰고 나면 퇴고할 때 버려지는 경우가 다반사이다. 쓸모가 적은 글을 쓰느라고 시간을 다 보내면, 나중에 정작 중요한 부분을 쓸 때에는 기운이 빠져 대충대충 성의 없이 정리하게 되는 경우가 많다. 이른바 '용두사미(龍頭蛇尾)형 책 쓰기'이다.

오랜 기간 원고를 만져본 전문 작가들은 글의 중요도에 따라 자신의 정신력과 체력을 안배하지만 초보 작가들은 쓸데없는 원고를 붙잡고 정신력과 체력을 소모하기 십상이다. 이를 미연에 방지하는 방법이 바로 '중요한 것부터 쓰는 습관'이다.

중요한 것부터 쓰면 여러 가지로 유용하다. 정신력과 체력이 좋은 초기에 핵심 원고를 썼기 때문에 나머지 원고들은 이 원고를 구체화하거나 확장하거나 강화하는 데 힘을 보태는 형식을 취할 것이다. 그러면 좀 더 편한 마음으로 느긋하게 원고를 쓸 수 있게 된다. 학창 시절 시험 기간에 국영수 과목 시험 준비를 끝마친 학생이 나머지 과목들을 느긋하게 준비할 수 있는 것과 마찬가지다. 더욱 유용한 점은 글의 방향이 흐트러지지 않고 중요한 원고를 향해 전개될 수 있다는 점이다. 책이 되었든, 짧은 글이 되었든 글의 흐름은 역삼각형(▽) 구조를 띤다. 일군의 글들이 한곳으로 모여 집중되어야 메시지가 분명하게 전달되고, 굳어졌던 생각을 뚫을 수 있는 돌파력을 갖게 된다. 기억하자, 글의 전개는 역삼각형이고, 역삼각형의 마지막 꼭짓점이 가장 중요한 글이다.

주제 소개

확장(구체화)

강화(논리화)

주제 정리

↓

원고 분량을 조절하는 방법

이미 글쓰기 준비 단계에서 원고의 분량을 어느 정도 정리했기 때문에 글쓰기 단계에서는 그에 따라 글을 쓰면 된다. 따라서 여기서는 몇 가지 유의 사항만 짚고 넘어가자.

길게 쓴다고 좋은 글이 아니다

초보 작가들이 가장 많이 범하는 잘못 중에 하나가 원고 분량을 많이 채울수록 자신이 능력 있다고 생각하는 것이다. 오히려 정반대다. 원고 분량을 늘리는 것은 누구나 할 수 있다. 반대로 원고 분량에 맞춰 글을 쓰는 것이 더욱 힘들다. 그래서 평소에 정해진 분량에 맞춰 글을 쓰는 연습을 많이 해야 한다. 특히 전문 작가가 된다는 것은 주어진 조건에 맞춰 글을 쓸 줄 아는 사람이 된다는 것이다.

물론 처음부터 글의 분량을 억지로 맞추려다 보면 원고 쓰기의 흐름이 끊어질 위험이 있다. 그렇더라도 어느 정도는 글의 분량을 생각하면서 글을 써야 한다. 글의 분량이 초과된 경우라면, 나중에라도 불필요한 부분을 없애고 글을 압축적으로 정리하여 정해진 분량에 맞출 필요가 있다. 이는 나중에 퇴고하기에서 좀 더 이야기하겠다.

될 수 있는 한 쪼개 쓰라

글의 분량을 조절하는 가장 좋은 방법은 소제목을 달아 글을 쪼개는 것이다. 앞서 언급한 『성공한 사람들의 7가지 습관』도 좋은 예다. 그냥 습관이라고 하면 분량을 조절하기 힘들지만, 7가지 습관이라고 쪼개놓고, 각각의 습관에 대하여 글을 쓰게 되면 자연스럽게 분량을 조절할 수가 있다. 또한 7가지 습관 중 한 가지 습관만 하더라도 최소 열다섯 개의 소제목으로 쪼개서 서술했기 때문에 원고의 분량을 자연스럽게 조절할 수 있었다.

자신이 쓰고자 하는 책의 원고를 세밀하게 쪼갤 수 있는 사람은 그만큼 구체성을 획득하고 논리적인 글을 쓸 수 있게 되므로, 평소에 글을 쓸 때에도 소제목으로 쪼개는 연습을 많이 해보기 바란다. 쪼개는 방식은 여러 가지지만, 여기서는 몇 가지만 예시하겠다.

1) 시간의 변화에 따라 :

　　과거 → 현재 → 예상 미래

2) 관점의 변화에 따라 :

　　개인적 → 사회적 → 세계적 / 주체적 → 타자적

3) 구체적인 사례에 따라 :

　　주제 제시 → 사례 1 → 사례 2 … → 정리

4) 논증 방식에 따라 :

　　연역형(추상 → 구체), 귀납형(구체 → 추상)

물론 위에 제시하는 방식뿐만 아니라 이러한 방식을 혼합하여 사용할 수도 있고, 글의 설득력을 높이기 위하여 다양한 방식으로 쪼갤 수 있으니, 어느 한 가지만 고집하지 말기를 바란다. 처음부터 끝까지 한 가지 방식만을 고집할 경우, 원고가 지루하거나 고리타분해질 수 있다.

시간과 공간을 확보하고 단번에 쓰라

원고를 쓸 때에는 적어도 한 꼭지 이상은 반드시 단번에 쓰기 바란다. 중간에 글을 쓰다가 나중에 써야지 하면서 중도에 그만두면, 나중에 곧장 이어서 쓸 수가 없다. 글이라는 것에는 분위기와 흐름이 있는데, 글을 쓰다가 중도에 그만두면 나중에 결코 처음의 분위기와 흐름을 탈 수가 없다. 설령 이어서 쓴다고 하더라도, 그것은 처음부터 쓰는 것과 마찬가지의 노력이 필요하다.

그러니 아무리 초보 작가라도 작가가 되기로 마음먹었으면 반드시 자신이 글을 쓸 수 있는 시간을 강제적으로 확보해야 한다. 특히 책은 시간 날 때 쓰는 글이 아니라, 계획적으로 시간을 정해놓고 써야만 하는 글이다. 그리고 누누이 이야기하지만 시간은 그냥 나지 않는다. 시간은 내는 것이다.

작가에게 제일 중요한 것은 글을 쓰는 시간이다. 시간만 확보되면 공간은 부차적인 문제이다. 대만의 유명작가 탕누어는 네 명의 작가와 한집에 살고 있음에도 자신의 책상이 없어 매일 아침 단골 카페로 출근해 그곳에서 책도 읽고 집필도 했다. 요즘은 인터넷도 연결되고 쾌적한 환경을 갖춘 도서관이나 카페가 많으니 그런 곳을 찾아서 집필을 할 수 있을 것이다.

초고는 3개월 안에 완성하라

우리가 쓰고 있는 것은 쪽글이 아니라 책이다. 따라서 계획하에 원고를 완성해야 한다. 처음으로 완성된 글을 '초고'라고 하는데, 이 초고를 완성하면 책 쓰기의 반은 성공한 것이라 볼 수 있다. 초보 작가들은 이 초고 쓰기까지가 정말 고역이지만, 막상 써놓고 나면 얼마나 후련한지 모른다. 일종의 해방감에 사로잡히기도 한다. 제발 여기까지만이라도 따라왔으면 좋겠다.

하지만 예비 작가 중 많은 사람이 이 초고 쓰기조차

끝내지 못하고 중도에 포기하는 경우가 다반사다. 왜 그들은 초고 쓰기에 실패할까? 지금부터 그 이야기를 좀 자세히 해보려 한다. 이 지점이 가장 중요한 순간이기 때문이다.

〔사례 1〕 쓰고 싶은 주제이긴 하지만 막상 쓰려고 하니 막막한 경우

한 초보 작가가 있다. 책을 한두 권 내본 경험이 있어서, 유사한 책을 출판사가 의뢰하여 계약하고 책을 쓰려고 준비 중이다. 계약서를 쓰고 책 쓰기를 준비할 때에는 어느 정도 흥미가 있었으나, 막상 책을 쓰려고 하니 막막하고 두려워지기 시작했다. 처음 다뤄본 소재였기 때문이다. 대강 목차는 잡아놨다. 큰 그림이 보였다. 그런데 내용을 채워 넣기에 부족함이 많았다. 처음에는 관련 도서 수십 권을 읽으면 어느 정도 가닥이 잡힐 것이라 생각했다. 그런데 책을 읽으면 읽을수록 더욱 자신감을 잃어갔다. 그 분야의 전문가도 아니고, 자신이 쓴 글이 혹시나 책잡히지나 않을까 걱정이 밀려왔다. 그 작가가 나에게 조용히 조언을 부탁했다.

나는 그에게 이런 말을 해줬다. 학문은 깊고도 넓어

아무리 파고 헤쳐도 그 끝을 알 수가 없다. 잘 쓰기 위해서 이런저런 책을 참고하는 것은 좋지만, 완전히 그 분야를 이해하기 전에는 글을 쓸 수 없다고 생각한다면, 이 세상에 책을 쓸 수 있는 사람은 거의 없을 것이라고. 그러니 관련 서적 읽기를 어느 정도에서 마치고, 그 과정에서 얻은 재료로 글을 쓰기 시작해야 한다고. 우리는 유명한 셰프의 레시피로 요리를 준비하는 것이 아니라, 자신만의 레시피로 요리를 하는 사람이라고. 조금은 부족하더라도 정성을 다하면 맛있는 요리를 내놓을 수 있다고.

물론 아무것도 모르고 책을 쓸 수는 없다. 그렇다고 모든 것을 알아야 책을 쓰는 것도 아니다. 초보 작가에게는 초보 작가가 갖는 한계가 있다. 그 한계는 써가면서 극복해야지, 중도에 포기한다면 아무런 진전도 없을 것이다. 나도 초보 작가 시절에 낸 책을 지금 읽어보면 내용이 빈약하기도 하고, 지금 썼다면 절대로 쓰지 않았을 문장도 너무나 많이 보여 창피하기도 하다. 그렇지만 그때 포기했다면 나는 결코 작가가 될 수 없었을 것이다. 작가는 쓰지 않고 안심하는 사람이 아니라, 쓰고 비판받으면서 성장하는 사람이다. 그러니 완벽해지려는 마음을 조금은 누그러뜨리고, 자신이 가진 것으로 당장 쓰라!

단계별 책 쓰기 실전 노하우

〔사례 2〕 쓸 때마다 자기 능력을 한탄하는 경우

이번에는 같이 공부하는 여성의 사례다. 평소에 책도 많이 읽고, 읽은 책으로 독서 토론도 하는 등 왕성한 활동을 해왔다. 그래서 이번에는 글쓰기를 해보겠다며 도전하였다. 그런데 글을 쓸 때마다 능력의 한계를 느낀다는 말을 수없이 하였다. 사실 그의 말은 너무도 당연한 것이었다. 어느 누가 처음 글을 쓰면서 자신의 능력을 한탄하지 않는단 말인가? 그렇게 자신의 능력을 한탄하기 시작하면서, 그는 주변 사람들의 글과 자신의 글을 비교하기 시작했다. 이 사람은 이렇게 잘 쓰고, 저 사람은 저렇게 잘 쓰는데, 왜 나는 이렇게 못 쓰냐고?

그의 말은 사실이 아니었다. 그 역시 다른 사람과는 다른 역량을 갖고 있었다. 그에게는 풍부한 경험이 있었고, 다양한 독서 경험이 있었다. 내가 보기에 그는 쓸 것이 너무도 많았다. 하지만 그는 자신의 역량을 믿지 않았고, 다른 사람의 역량만을 부러워하였다. 그 점을 지적해주었지만 결국 책 쓰기 단계에 들어와서 포기하고 말았다. 지금 생각해봐도 참으로 안타까운 일이다.

내가 보기에 그는 여느 예비 작가보다도 충분한 능력을 갖추고 있었다. 그러나 남의 능력만 부러워하다가 자신의 능력을 발견하지 못한 것이다. 나는 이렇게 말하고 싶다. 당신은 너무도 많은 글감을 가지고 있으며, 남들이 갖지 못한 능력도 있다. 문제는 자신의 능력을 과소평가하고 남들의 능력을 과대평가하는 것이다.

남의 냉장고에 든 재료는 남의 것이다. 자신의 냉장고 속 재료만이 자신의 것이다. 남의 요리 실력은 남의 것이다. 자신의 요리 실력만이 자신의 것이다. 그러니 남의 재료를 부러워하거나 남의 레시피에 신경 쓰지 말고, 자신의 냉장고에서 재료를 꺼내 자신만의 요리를 만들어라.

책 쓰기도 마찬가지이다. 책을 쓰는 도중에 누구나 한 번쯤은(아니, 수십 차례가 넘어가기도 한다) 자신의 능력을 한탄하고, 남들의 능력을 찬미하며, 그만두고 싶은 유혹에 빠지게 될 것이다. 그러나 명심하시길. 당신이 읽어온 작가들은 내로라하는 전문 작가들이고, 당신은 이제 막 책을 쓰기 시작한 초보 작가다. 그들의 능력을 부러워하지 말고, 자신의 능력을 발견하라. 자신의 능력을 믿고, 죽이 되든 밥이 되든 요리를 완성하라. 단 한 번만이라도 자신이 계획한 책의 원고를 완성해보라. 부쩍 성장한 자신을 보며 경탄할 때가 올 것이다.

단계별 책 쓰기 실전 노하우

〔사례 3〕 자신의 이야기를 쓰기에 부끄러운 경우

이번에는 특정한 인물에 대한 사례가 아니라, 책 쓰기를 진행하면서 나타난 가장 대표적인 사례에 해당할 것이다. 이런 것이다. 책에 남의 얘기만 쓸 수 없어 자신의 이야기를 쓰려고 하니, 별로 특별한 경험도 없고, 전문적인 지식도 없고, 오히려 살면서 남들에게는 이야기할 수 없는 창피한 경험들이 더 많아, 굳이 그런 이야기까지 글로 써야 하는지 난감하다는 자신의 상태를 피력하는 것이다. 책을 쓰는 사람은 적어도 남들보다 많이 알거나, 남들보다 경험이 많거나, 남들보다 특별한 능력이 있어야 하는 것 아니냐는, 일종의 '작가 천재론'에 빠지는 경우다.

우리가 오해하고 있는 것 중 하나가 작가는 천재라는 생각이다. 물론 한 세기에 몇 명쯤은 그런 천재가 있을 것이다. 하지만 작가 역시 천재와는 거리가 먼 사람들이다. 내 주변에 작가가 넘치지만 그들은 천재가 아니다. 일상생활만 놓고 보자면 보통 사람보다 오히려 모자라는 경우도 있다. 그냥 보통 사람에 가깝다. 그런데 어떻게 그들은 작가가 되었는가? 그들은 자신의 나약함이나 부족함을 감추지 않고 오히려 솔직하게 글로 표현할 수 있었기에 작가가 될 수 있었다. 작가가 특별하다면 그런 면에서 특별한 것이다. 자신의 치부를 감추지 않고 드러낼 수 있었던 점, 그렇게 자신을 글로 객관화함으로써 자신을 제대로 응시할 수 있었던 점이 그들을 작가로 만든 것이다. 그런 점에서 작가는 누구보다도 자신을 사랑하는 사람이다. 자신의 강점뿐만 아니라 자신의 약점마저도 사랑할 수 있을 때, 누구보다 솔직하고 정직하게 글을 쓸 수 있게 된다.

내가 아는 어느 젊은 작가는 우울증에 자살 충동까지 수차례 겪으면서 정신병원에 입원하기까지 했다. 어찌보면 남들에게 결코 드러내고 싶지 않은 치부일 것이다. 그렇지만 그는 정신병동에서 자신의 처지를 일기로 기록하기 시작했고, 그렇게 쓴 일기가 책으로도 출간되었다. 그의 책은 지금 같은 처지에 놓여 있는 많은 사람에게 용기를 주고 있다. 그러니까 자신이 특별하지 않다고, 자신은 천재가 아니라고, 자신은 오히려 창피한 삶을 살았다고 책 쓰기를 포기해서는 안 된다. 오히려 그런 자신을 더욱 사랑하고, 자신의 모습을 있는 그대로 표현할 수 있을 때 우리는 작가가 될 수 있다.

〔사례 4〕 아무리 노력해도 원고가 안 써지는 경우

이번에도 책 쓰기 도중에 가장 많이 등장하는 사례이다. 아무리 노력해도 원고가 써지지 않는 경우도 있다. 이런 현상이 길어지면 슬럼프에 빠진다고 말한다. 슬럼프는 여러 가지 이유를 가지고 있다. 갑자기 예상치 못했던 일이 터지거나, 일상이 바빠지거나, 체력이 급격히 떨어지거나, 정신이 멍해지거나 등등. 이유야 천 가지 만 가지다. 어떤 사람은 글은 쓰고 싶은데 막상 책상머리에 앉으면 도무지 글이 써지지 않는다고 고통을 토로하기도 한다. 아무렴, 그런 증세는 초보 작가뿐 아니라 전문 작가들도 늘상 겪는 일이다.

그러면 어떻게 해야 할까? 전문 작가의 경우에는 대체로 슬럼프를 벗어나는 나름의 방식을 갖고 있다. 짧은 기간 여행을 떠난다든지, 작업 환경을 바꿔본다든지, 책을 읽으면서 머리를 유연하게 만든다든지, 영화를 본다든지, 친구들과 만나서 실컷 마시고 떠든다든지. 상태와 정도에 따라 각기 처방이 다를 것이다.

여기서는 나의 방법을 이야기할 수밖에 없다. 나는 이렇게 생각한다. 원고를 쓰는 시간만큼이나 원고를 안 쓰는 시간도 중요하다. 내가 슬럼프에 빠지는 가장 큰 이유는 업무에 과부하가 걸렸을 때다. 다시 말하면 지나치게 욕심을 부릴 때 오히려 슬럼프에 빠지게 된다. 나의 경우에는 십중팔구 그랬다. 그래서 나는 아무리 업무가 많아도 과하게 욕심을 부리지 않는다. 내가 감당할 만큼의 몫만 해내면 다양한 방식으로 나를 쉬게 해주었다. 무작정 쉬는 것이 아니라, 마음 상태를 느슨하게 만들면서도 다음 작업에 대해 편안하게 상상하였다.

이렇게 쉬고 나면 그다음 원고를 쓰기가 한결 수월해졌고, 웬만해서는 슬럼프에 빠지지 않을 수 있었다. 과욕은 금물이다. 일한 만큼 쉬어야 한다. 적절히 휴식을 취하지 못할 때 반드시 슬럼프가 온다. 책상머리에 오래 앉아 있는다고 글이 써지는 것이 아니다. 글을 쓸 수 있는 몸과 마음 상태를 유지할 때, 글이 써지는 것이다.

따라서 원고를 쓸 때는 미뤄놓은 숙제를 한꺼번에 처리하듯이 몰아서 써서는 안 된다. 자신의 체력과 정신력을 적절히 안배하면서 꾸준하게 써야 한다. 글을 쓸 때 제대로 집중해서 쓰고, 쉴 때 제대로 집중해서 쉬어야 한다.

초고 완성, 3개월을 넘기지 마라

글을 쓰기 시작하여 글을 완성할 때까지 얼마나 시간이 걸릴까? 작품의 길이와 내용에 따라 다르겠지만 보통 단행본 한 권 정도의 분량이라면 3개월을 넘기지 않는 것이 좋다. 부지런히 책을 내는 작가의 경우 초고까지 기본 작업 시간을 3개월 정도 잡는다.

왜 3개월인가? 작가가 한 주제에 대해 집중적으로 몸과 마음을 쏟아부을 수 있는 시간이 그 정도이다. 나의 경우에도 100일 정도 안에 초고를 끝내는 것이 적절했다. 100일이 넘어가면 집중력이 떨어지거나 체력이 바닥났다.

물론 개인차는 있을 것이다. 대하소설 『태백산맥』과 『아리랑』을 쓴 조정래 작가의 경우 하루의 꼬박 14시간을 글쓰기에 쏟았다고 한다. 그는 그의 작업실을 '글감옥'이라고 표현했다. 이런 경우는 전문적인 작가라 할지라도 아주 특수한 경우다. 일반적으로는 새벽이나, 오전 또는 저녁 시간에 2~4시간 정도 시간을 내어 글을 쓴다. 또는 주중에는 준비를 하고 주말을 이용하여 집중적으로 글을 쓰기도 한다. 그것은 각자 자신의 생활 리듬과 패턴에 따라 다르겠지만, 어떤 경우라 할지라도 책의 원고를 쓰기 시작하면 짧은 시간 안에 초고를 완성하는 것이 좋다. 그래야 나중에 글을 정리하고 다듬을 시간을 확보할 수 있기 때문이다. 나는 그 마지노선을 보통 3개월로 잡는다. 무리도 가지 않고, 느슨해지지도 않는다.

혹시나 싶어 용기가 될 만한 이야기를 하겠다. "모든 초고는 똥이다"라고 헤밍웨이가 말했다고 한다. 그가 『노인과 바다』를 200번이나 고쳐 썼다고 전해지니 그 말에 얼마간 과장이 있다 해도 거짓은 아닐 듯하다. 우리나라에서 글 잘 쓰기로 유명한 유시민 작가도 초고에 너무 신경을 쓰지 않았다고 한다. 초고를 쓰면서 과하게 브레이크를 걸어버리면 글이 잘 써지지 않아, 일단 초고는 편하게 쓰고, 이후 고쳐 쓰기에 더욱 많은 노력을 기울였다고 전해진다(내가 잘 아는 편집장이 전한 말이니 거짓은 아닐 것이다). 그러니 초고를 완성하는 데 너무 신경 쓰지 말기를 바란다. 초고 쓰기의 목표는 일단 자신이 계획한 내용과 분량을 채우는 것이다.

단계별 책 쓰기 실전 노하우

1. 당신은 초보 작가다. 너무 완벽해질 필요는 없다. 한계를 정하라.

2. 당신은 능력도 있고, 쓸 것이 너무도 많다. 남들과 비교하지 마라.

3. 특별하지 않아도 된다. 자신을 사랑하고, 솔직하고 정직하라.

4. 쓰는 시간만큼이나 쉬는 시간도 중요하다. 체력과 정신력을 안배하라.

5. 오래 써봐야 소용없다. 초고는 3개월 안에 완성하라.

비판하고 충고해줄 최상의 독자 찾기

초고를 완성했다면 반 정도 끝난 것이다. 최종 원고까지는 아직 할 일이 많이 남았다는 말이다. 작가마다 다르겠지만, 일반적으로 자신의 초고를 읽어줄 최상의 독자를 만나는 것은 크나큰 행운이다. 여기서 '최상의 독자'

라 함은 자신의 작품을 칭찬해주는 사람도 포함되지만, 그보다는 작품을 정확히 읽고 부족한 부분이나 잘못된 부분, 아쉬운 부분들을 평가해주고, 더 나아가 개선 방향을 솔직히 이야기해줄 수 있는 사람을 말한다. 애정 어린 비판과 충고야말로 작가에게 가장 필요한 요소니까. 단, '최상의 독자'는 소수여야 한다. 초고를 썼다고 무차별 적으로 어중이떠중이에게 읽어보라고 한다면 좋은 피드 백이 나올 리가 없다. '최상'이라는 말 속에는 애정 어린 '소수'라는 말이 내포되어 있다. 그러면 어떤 사람이 최 상의 독자일까?

▶ 가족이나 동료 : 책의 서문을 보면 가장 많이 등장 하는 사람이 가족과 동료다. 누구보다 작가를 사랑하고 작가에게 솔직할 수 있는 사람들이기 때문이다. 나의 경 우에도 초고의 1차 독자는 가족과 주변 작가들이다. 내 가족의 경우에는, 평가가 아주 짠 편인데 독자의 입장에 서 신랄하게 평가를 해준다. 때로는 듣는 내가 민망할 정 도다. 그렇다고 하더라도 잘만 새겨들으면 정말 약이 되 기도 한다. 민망해서 구체적인 작품명을 거론할 수는 없 지만, 한 청소년 소설의 경우 아내의 충고로 인해 다 쓴

원고를 전부 뒤집고 새로 쓴 적도 있다. 다시 쓸 때는 크게 고생했지만 결과물은 더욱 좋았다. 만약에 아내의 충고가 아니었다면 출간된 이후 내내 괴로웠을 것이다.

연구서의 경우에는 같이 공부하는 직장 동료나 스승, 제자의 이름이 가장 많이 언급된다. 그중에서도 자신과 가장 친한 동료의 따끔한 충고는 새겨들어야 한다. 나 또한 같이 농사를 짓는 후배 작가에게 초고를 보여주는데, 정말 성실하게 검토해서 이야기해주고, 심지어는 맞춤법까지 교정해주는 친절함을 보이기도 한다. 그런 동료가 있다면 정말 행운이다.

▶ 출판사의 편집자 : 만약에 이미 출간 계약서를 쓰고 완성한 초고라면 가장 신뢰할 만한 최초의, 그리고 최상의 독자는 출판사 편집자다. 그는 작가와 더불어 책으로 먹고사는 운명 공동체이기 때문에 누구보다 성실하고 치밀하게 원고를 검토해준다. 편집자는 단지 원고 내용만 검토하는 것이 아니라, 책의 방향이나 책의 순서도 검토해주고, 명확하게 콘셉트가 잡히지 않았다면 콘셉트를 잡는 역할까지 해준다. 자신과 궁합이 맞는 좋은 편집자를 만나는 것은 천군만마를 얻는 것과 같다.

좋은 편집자는 작가를 더욱 빛나게 만든다. 영화 〈지니어스〉는 요절한 천재 소설가 토머스 울프와 최고의 편집자였던 맥스웰 퍼킨스의 실화를 바탕으로 한 영화인데, 편집자가 천재 소설가를 발굴하는 영화라고 봐도 된다. 영화 속에서 엄청난 양의 원고를 가져온 토머스 울프의 초고를 보면서 가차 없이 줄이는 모습은 그야말로 충격적이다. 이로 인해 수많은 갈등을 겪기도 하지만, 결국은 토머스 울프를 최고의 작가로 만든 사람이 바로 이 맥스웰 퍼킨스였다. 그는 토머스 울프뿐 아니라, 스콧 피츠제럴드와 헤밍웨이의 작품을 편집하기도 했다.

일부 작가들은 편집자를 우습게 아는 경향이 있는데, 이는 크게 실수하는 것이다. 대부분의 편집자들은 작가보다 훨씬 많은 책을 읽었으며, 훨씬 많은 독자들을 만나봤고, 훨씬 많은 책을 만들었다. 그 사실만 보더라도 편집자를 우습게 봐서는 안 된다. 그러니 초보 작가의 경우에는 작품에 정성을 기울이는 것만큼이나 편집자와 좋은 관계를 맺기 위해 정성을 쏟아야 한다. 그에 따른 보상은 넘치고 넘칠 것이다.

▶ 같이 공부하는 사람들 : 작가가 일부러 은둔을 고집

하지 않는다면, 평소에 독서 동아리나 글쓰기 모임을 갖는 것이 필요하다. 글을 쓰는 과정에서도 서로 격려와 선의의 경쟁을 할 수 있을 뿐 아니라, 초고가 완성되었을 때 성의 있게 검토하여 피드백을 줄 수 있는 사람들이기 때문이다. 주변에 책과 관련된 사람이 많을수록 더 좋은 책을 쓸 수 있고, 책이 출간된 이후에도 많은 도움을 받을 수 있다. 그러니 주변을 살펴보고, 함께 책을 읽고 나누고, 글을 쓰고 나눌 수 있는 모임을 찾아 가입하자. 만약에 없다면 자발적으로라도 모임을 만들어 운영해보자.

최상의 독자를 만나는 것은 작가가 날개를 다는 것과 같다. 그 최상의 독자가 가족이 되었든, 스승이나 동료, 제자가 되었든, 아니면 출판사 편집자가 되었든, 같이 공부하는 사람이 되었든 그들에게 평소에 정성을 다해야 한다. 평소에는 쌀쌀맞게 굴다가 초고를 썼다고 검토해 달라고 하면 제대로 된 검토와 충고가 나올 리 없다. 당신이 독자에게 정성을 쏟은 만큼, 독자도 당신에게 정성을 쏟을 것이다. 주는 만큼 돌아온다. 대접받고 싶으면 먼저 대접하라. 만고불변의 진리이다.

퇴고는 오래 많이 해도 괜찮다

앞에서 언급했듯이 헤밍웨이는 200번이나 원고를 고쳤다고 하니 초고를 쓴 시간보다 고친 시간이 많았다고 볼 수도 있다. 작품을 발표할 때마다 베스트셀러 목록에 이름을 올리는 베르나르 베르베르도 초기 작품 『개미』의 경우 120번이나 개고한 것으로 유명하다. 뭐 이 정도까지 고치라는 말은 아니다.

보통 작가들은 적어도 세 번 이상은 자신의 초고를 고친다. 시간이 된다면 다섯 번 정도 고치는 작가도 봤다. 나도 세 번에서 다섯 번 정도 초고를 고쳐서 탈고한다. 처음 쓴 초고에서 집필을 완전히 마치는 탈고까지 원고를 만지고 수정하는 작업을 퇴고라고 한다. 이 퇴고의 과정이 책 쓰기의 나머지 반이 된다.

기본 용어

- 초고(草稿, rough draft) : 초벌로 쓴 원고(原稿)
- 퇴고(推敲, polish; elaboration) : 초고를 고치고 고쳐 씀
- 탈고(脫稿, completion) : 원고를 완성함

• 투고(投稿, contribution) : 완성된 원고를 출판사(포함
  언론기관)에 의뢰함 ≒기고(寄稿)

퇴고에도 기준이 있을까? 퇴고와 관련한 글로 나는 이
태준의 『문장강화』에 나오는 다음 구절이 가장 인상 깊
게 남아 있다.

러시아 작가 고리키는 친구에게 이런 말을 들었다
고 한다. "그렇게 자꾸 고치고 줄이다간 '어떤 사
람이 태어났다. 사랑했다. 결혼했다. 죽었다' 네 마
디밖에 안 남지 않겠나?" 아주 적절한 비유라는 생
각이 든다. 퇴고 과정에서는 불필요하게 쓴 단어를
버리고 긴 문장을 줄이는 것이 중요하다. 하지만
지나치게 짧은 문장을 적당하게 조절하는 것도 중
요하다. 어떤 경우에는 아름다운 우리 형용사 하나
를 고르기 위해 하루를 보낼 수도 있다. 퇴고는 원
고의 완성을 의미한다. 이 과정이 지나면 남이 내
글을 읽는다.

심지어 책을 출간한 이후에도 퇴고를 거듭하는 경우

도 있다. 최인훈 작가는 『광장』이 출간되고 나서도 다섯 번에 걸쳐 개정판을 냈다. 송나라의 주희는 죽을 때까지 『대학』을 고쳤다고 한다. 이 정도면 거의 결벽 수준의 퇴고다. 평생을 퇴고한 것이다. 이 정도면 성인급에 해당하니 엄두를 내지 말자. 하지만 퇴고에 대해서는 다음 세 가지를 기억하자.

> **많이 할수록 좋다.**
> **오래 할수록 좋다.**
> **간격을 두고 할수록 좋다.**

책 쓰기 퇴고의 단계

글 단위의 퇴고는 글의 구성과 흐름, 맞춤법과 띄어쓰기 등을 살피면 되지만, 책 쓰기의 경우에는 몇 가지가 더해진다. 다음과 같은 사항을 고려하면서 퇴고하자.

1) 책 전체 단위의 퇴고
- 책 전체의 구성과 흐름은 괜찮은가?
- 전체적으로 적절한 비중을 다루고 있는가?

- 제목은 적절한가?

2) 부나 장 단위의 퇴고
- 큰 덩어리인 부(部, part, section)나 작은 덩어리인 장 (章, chapter)은 적절히 나눠져 있는가?
- 덩어리를 구성하는 부분은 균형을 갖추고 있는가?
- 보충하거나 삭제할 부분은 없는가?

3) 글 단위의 퇴고
- 글의 주제들은 잘 드러나 있는가?
- 주제를 뒷받침하는 문장들은 잘 구성되어 있는가?
- 문장의 어휘나 맞춤법, 띄어쓰기는 적절한가?

책은 한 편의 오케스트라 연주곡과 같다. 작가는 연주곡을 지휘하는 지휘자다. 곡이 청중 앞에서 연주되기 전에 단원들과 함께 끊임없이 연습하고 연습한다. 그때 지휘자는 곡의 흐름과 강약을 조절하면서, 각 연주자들의 연주음을 세밀하게 관찰하여 조정해야 한다. 어느 부분에서는 현악기가 주를 이루고, 어느 부분에서는 관악기나 건반악기가 주를 이룬다. 피날레에서는 전체 연주자들이 조화를 이루며 절정에 도달한다. 그리고 동시에 짠 하고 끝난다.

작가가 퇴고하는 과정도 이와 같다. 부와 부, 장과 장, 글과 글 사이의 흐름을 정교하게 조정하면서 강조할 부분은 강조하고, 힘을 빼야 하는 부분은 뺀다. 모든 글을 피날레처럼 써서는 안 된다. 너무나 많은 정보를 주어서 정신을 혼란하게 하거나, 너무 밋밋하게 글이 전개되어 지루하게 만들어서는 안 된다. 강약중강약, 리듬과 박자에 맞추어 글을 진단하고 뺄 건 빼고 넣을 건 넣고 고칠 건 고치는 것이 퇴고의 과정이다.

어쩌면 퇴고의 과정이 초고 쓰기의 과정보다 더 오래 걸리고 더 힘들지도 모른다. 그러나 이 점만은 명심하자. 퇴고를 하면 할수록 글은 더욱 좋아진다. 마지막 순간까지 퇴고하자.

3단계 :
원고 넘기기

일본 문단의 이단아라 할 만한 소설가 마루야마 겐지는
『아직 오지 않은 소설가에게』에서 '한 작품을 완성해도
투고하지 말라'고 충고한다. 특히 처음 쓰는 소설일 경우
에는 묵혀두고, 두세 작품 정도 저장해놓는 것이 필요하
다고 말한다. 이러한 충고는 성급하게 출판할 경우 생길
수 있는 아쉬움을 덜기 위한 것이지만, 묵혀둘수록 더 좋
은 작품이 나올 수도 있고, 첫 출간을 한 이후에 다음 작
품이 미리 준비되어 있기 때문에 여유를 가질 수 있다는
장점도 있다.

마루야마 겐지의 충고는 전문 작가로 진입하려는 문
학 지망생이라면 받아들일 만하지만, 일반적으로 자기

생각을 정리하여 책 한 권으로 만들고 싶은 초보 작가에게 권장하기에는 진입 장벽이 높다. 그래서 나는 몇 가지 실천 가능한 방식을 제안하고자 한다.

출판사에 투고할 때 꼭 지켜야 할 점

예비 작가들은 원고를 다 쓰고 난 후 출판사에 투고하면 자신의 작품성을 알아봐주는 출판사가 반드시 한 군데는 있을 것이라고 착각한다. 하지만 말 그대로 착각이다. 출판사에는 다양한 투고가 들어오지만, 출판사의 생리상 자체적으로 기획한 책들로 기본 일정을 맞추기 때문에 투고를 검토할 시간은 그리 많지 않다. 따라서 작품을 투고할 때에는 몇 가지 사항을 꼭 지키는 것이 좋다.

동시에 많은 출판사에 투고하지 않는다

옛날에는 원고지에 일일이 손으로 써서 투고했기 때문에 한꺼번에 투고하는 것이 힘들었지만, 요즘은 컴퓨터로 글을 써서 파일 형태로 투고하기 때문에 많은 출판사에 투고하는 것이 가능해졌다. 그래서 많은 예비 작가들이 다양한 출판사의 이메일 주소를 확보하고 무차별적으로 원고를 뿌린다.

미리 말해두지만, 이런 경우 출간될 가능성은 매우 낮다. 출판업계도 한 단계만 건너면 서로가 서로를 잘 알기 때문에, 투고가 들어올 경우, 다른 출판사에도 투고를 했을 것이라 생각하고 수신자의 명단을 확인하는 경우가 있다. 그런데 자기 출판사만 투고한 것이 아니라, 수많은 출판사에 동시에 투고했다면 저자에 대한 신용도가 급격히 떨어진다. 여러 군데 투고를 하더라도 이메일로 보낼 경우에 한 출판사에게만 보낸 것처럼 각각 발송해야 한다. 실수하면 큰일이다.

출간 기획서를 성의 있게 작성하여 첨부한다

출간 기획서는 내고자 하는 책의 자기소개서와 같은 것이다. 출간 기획서는 출판사의 직원들이 많이 쓰는 양식이지만, 예비 작가들도 출간 기획서를 쓸 줄 알아야 한다. 출판사의 경우, 예비 작가들이 보낸 출간 기획서를 보고, 원고를 읽을지 말지 판단할 정도로 중요한 것이니 성의 있게 작성하는 것이 중요하다. 어떤 작가들은 출간 기획서와 샘플 원고 한두 개를 보내서 출판사에 출간을 문의하는 경우도 있지만, 이름이 알려지지 않은 예비 작가나 초보 작가의 경우에는 이러한 사례를 따라서는 안 된다.

출간 기획서를 너무 길게 쓸 필요는 없다. A4 용지로 한두 장 정도로 간략하게 핵심만 쓰면 된다. 일반적으로 출간 기획서에 들어갈 내용은 다음과 같다.

1) 책의 제목(부제)
2) 책의 분야
3) 책의 콘셉트(차별화)
4) 예상 독자
5) 책을 쓰게 된 배경이나 동기
6) 책의 목차와 분량
7) 출간일(예상되는 시기)
8) 홍보 전략
9) 기타(경쟁 작품 등)

이상의 내용들은 우리가 책을 쓰기에 앞서 준비하는 단계에서 다루었기 때문에 이 책을 읽어본 사람이라면 그리 어렵지 않게 작성할 수 있을 것이다. 그래도 시각적인 이해를 돕기 위해 출간 기획서 양식 하나를 첨부한다. 각 항목마다 알맞게 분량을 조절해서 쓰면 된다.

출간기획서
제목: _____
부제 : _____
글쓴이
집필동기
분야
콘셉트
목차 및 분량
ex) 200자 원고지 1040매 (A4 용지, 10point 119매)
예상 독자
분야
출간일
홍보 전략
기타

그러니까 출판사에 투고할 경우에는 성의 있고 호소력 있게 작성한 출간 기획서와 투고할 원고, 본인에 대한 소개서, 이 세 가지가 기본적으로 들어가 있어야 한다.

자기소개서를 간략하고 매력적으로 작성한다

예비 작가의 자기소개서는 회사에 입사할 때의 이력서가 아니다. 출간하고픈 원고와 관련된 자기의 삶과 경험, 활동 내용들을 간략하고 매력적으로 작성하는 것이 중요하다. 보통은 A4 용지 반쪽 이내로 작성하는 것이 좋다. 너무나 장황하게 자기소개를 하면 오히려 반감을 살 수 있다. 특히 투고할 원고와 별로 관련이 없는 정보는 매력도를 저하시키니 삼가는 것이 좋다.

서점에 나와 있는 책을 보면 대개가 앞표지 뒷면에 저자를 소개한다. 유명한 작가일수록 자기소개가 간략하다. 누구나 다 아는 사람이기 때문이다. 그러나 무명작가의 경우에는 출판사가 관심을 가질 만한 내용으로 자신을 간략하게 소개하면 된다.

한편 여러 권의 책을 낸 저자들도 자신이 낸 책의 성격에 맞춰 자기소개를 달리하는 경우가 있다. 예를 들면, 나 같은 경우에는 청소년 인문학 관련 책을 많이 냈지만,

『제정신으로 읽는 예수』라는 제목의 기독교 관련 서적도 한 권 낸 적이 있다. 그 책에 수록된 작가 소개는 다음과 같다.

본인의 의지와는 상관없이 태어나기도 전에 엄마 따라 교회를 다녔다. 태어나서도 엄마 따라 교회를 다녔다. 고등학생 때는 교회에서 학생회장도 했었다. 대학 시절 사회에 눈을 뜨며 교회와 충돌하기 시작했다. 그때부터 성서를 다시 읽고 제멋대로 해석하기 시작했다. 87년도에 교회 민주화를 위해 성명서를 배포한 사건으로 청년부 담당 목사와 더불어 20년 넘게 다니던 교회에서 쫓겨났다. 이후 가끔 교회 언저리를 기웃거렸으나 받아주는 곳이 없었다.

40이 넘어 일산으로 이사 와서 동녘교회의 문을 두드렸다. 음주와 흡연에 대한 허가, 해석과 발언의 자유에 대한 허가, 제명불가에 대한 허가를 받고 교인 등록을 했다. 성직자에게 속지 않기 위해, 올바른 종교관을 갖기 위해 평신도 성경 공부 모임을 조직했다. 맹렬히 활동한 결과 초고속으로 권사의 자리까지 올라가봤다. 교회당회에서 신분제 폐지를 주장하여 통과되면서 권사의 직분을 놓았다. 현재 종교 팟캐스트 '유쾌한 평신도들의 즐거운 수다, 주동아리'의 사회를 맡아 진행하고 있다. 3년 가까이 〈삶창〉에 연재한 예수 이야기로 책을 내게 되었다.

현재 자유청소년도서관 관장으로, 공부하고, 책 쓰고, 강의하고, 농사짓고, 놀면서 지낸다.

철저하게 종교 활동과 관련된 이력만으로 작성한 소개글이다. 이러한 이력을 읽는 것만으로도 책과 관련된 저자의 모습을 상상할 수 있을 것이다. 자기소개는 출판사가 투고한 예비 작가에게 관심을 가질 만한 내용으로 채워놓으면 된다.

투고할 만한 주 타깃 출판사를 선정한다

자신이 쓴 책이 인문 분야라면 인문 분야에 관심이 많은 출판사를, 역사 분야라면 역사에 관심이 많은 출판사를, 젊은 감성의 에세이라면 그와 관련된 출판사를 조사하여, 자신이 계약하고 싶은 출판사를 선정할 필요가 있다. 원고를 무차별적으로 살포하는 것이 아니라, 가능성이 높은 곳에 투고해야 한다. 투고는 투자와 같다. 될성부른 기업에 투자하는 것처럼, 자신의 원고가 선택될 가능성이 높은 출판사에 투고해야 한다.

그렇게 선정된 주 타깃 출판사에 위에서 말한 간략하고 매력적인 자기소개서, 관심을 끌 만한 출간 기획서, 그리고 준비된 원고를 첨부하여 간절히 기도하는 마음으로 투고하라.

실패를 두려워 마라

투고하고 답신이 올 때까지 대략 한 달여의 기간이 소모된다. 어떨 때는 기간이 더 늘어나기도 한다. 아마도 투고한 예비 작가에게는 입 안이 바짝 마르고, 속이 타들어 가는 기간일 것이다. 그러다가 투고한 출판사에서 답신 메일을 보내온다(대부분 건실한 출판사들은 투고에 대한 답신 메일을 보내준다). 당신이 행운아가 아니라면, 십중팔구는 거절 메일일 것이다.

이름이 알려지지 않은 초보 작가에게 거절 메일은 일상사와 같은 것이다. 세계적으로 알려진 거절 사례는 조앤 롤링의 『해리 포터』일 것이다. 이 작품도 블룸스버리 출판사가 출간을 결정하기 전까지 무려 열두 곳의 출판사로부터 퇴짜를 맞았다. 심지어 블룸스버리 출판사도 퇴짜를 놓을 뻔했었는데 회장의 여덟 살짜리 딸이 우연히 원고를 읽고 너무 좋아해서 출간을 결정했다는 이야기도 전해진다.

물론 당신은 조앤 롤링이 아니다. 그러니 운이 좋다면 한두 번의 투고로 출간 기회를 잡을 수도 있고, 이번 작품은 출간이 안 될 수도 있다. 출간이 되지 않더라도 원고를 없애버리지 마라. 묵혀두라. 실패의 흔적이 되었든, 나중에 가서 인정받는 작품이 될 운명이든, 일단은 묵혀두고 다음 작품을 준비하면 된다. 출판사에서 출간한다는 일이 그리 쉬운 일이 아닌 것만 기억하면 된다. 설령 작품이 채택되었다 하더라도 실력이라 생각하지 말고 행운이라고 여겨라. 그래야 교만하지 않고 다음 작품을 쓸 수 있게 된다.

예비 작가를 위한 플랫폼 이용하기

오랫동안 노력한 결과물인 자신의 작품을 출판사에게만 맡기는 것은 매우 힘들고 위험한 일이기도 하다. 그리고 설령 출간되었다고 하더라도 많이 읽히고 팔릴지는 미지수다. 이런 상황이 불안하다면 예비 작가들의 플랫폼에 자신의 작품을 발표하여 미리 반응을 살펴볼 수도 있다. 우리나라에서 대표적인 예비 작가 플랫폼으로는 다음(daum)에서 운영하는 '브런치'가 있다. 물론 브런치에 글을 쓰려면 '브런치 작가'가 되는 심사 과정을 거쳐야 한다. 간략한 자기소개와 이력, 자신이 쓰고픈 작품의 내용과 원고를 보내면 접수가 되고, 1~2주 내에 심사 결과를 통보해준다.

나의 경우는 처음으로 브런치 작가에 도전했다가 떨어졌다. 이미 스무 권 넘게 책을 낸 기성 작가인데도 말이다. 충격! 기성 작가는 당연히 받아줄 거라 생각해서 안이하게 도전했다가 좌절한 경우다. 물론 자존감 넘치는 나는 다시 도전했다. 이번에는 좀 더 성의 있게 요구 사항을 채워 넣었다. 고맙게도 합격!(이 과정을 통해 브런치 작가로 등록하는 것이 조금은 까다롭다는 것을 깨달았다)

어쨌든 브런치 작가가 되면 다양한 혜택(?)이 주어진다. 자신이 쓴 원고를 서랍에 넣어 저장할 수도 있고, 원고가 모이면 열 권 이내에서 책이나 잡지로 발행할 수도 있다. 책의 경우는 완성된 원고이고, 잡지의 경우에는 연재 글의 형태이다. 그렇게 플랫폼에 원고를 노출하면 즉각적으로 반응을 확인할 수 있고, 일정 기간이 지나면 의미 있는 통계치를 얻을 수도 있어, 글을 쓰고 책을 내는 재미가 있다. 한편 같은 플랫폼에서 활동하는 예비 작가들의 작품을 무료로 구독하여 읽을 수 있으니 자신의 경험치를 높이기도 좋다.

그 밖에도 브런치는 등록된 작가에게는 다양한 혜택을 주니 한번 인터넷에 들어가 검색하고 브런치 작가가 되어보길 권장한다. 그 플랫폼에서 자신의 책이나 잡지를 직접 기획하고 출간해보면서 경험치를 쌓아가는 것도 나중에 종이책 출간에 큰 도움이 된다. 이제는 널리 알려진 작품인 하완의 『하마터면 열심히 살 뻔했다』나 정문정의 『무례한 사람에게 웃으며 대처하는 법』, 이수연의 『조금 우울하지만, 보통 사람입니다』도 브런치에 연재했다가 출판사의 눈에 띄어 책으로 출간된 경우다.

독립 출판을 꿈꿔보자

출판사에 투고하는 것도 귀찮고, 자신의 작품이 출판사의 일반적인 출판 경향과 어울리지도 않는 창의적이고 독창적이고 개성적인 것이라면 혼자 만드는 방법도 있다. 그 대표적인 사례가 독립 출판사를 차려 자신의 책을 내는 것이다. 독립 출판사를 차리는 데 비용이 많이 드는 것은 아니다. 오히려 비용은 거의 안 든다고 생각하면 된다.

시청 문화예술분과에 가서 출판사 신고증을 작성하고, 신분증, 임대차 계약서를 제출하면 2~3일 내에 출판사 신고 확인증이 나온다. 이를 들고 세무서를 방문하여 면허세 고지서를 발급받은 후, 은행에 가서 납부하고 영수증을 받는다. 마지막으로 영수증과 출판사 신고 확인증을 들고 세무서로 다시 가서 개인 사업자 등록 신청서를 작성하고 사업자 등록증을 받으면 끝! 복잡할 것 같지만 그리 복잡하지 않다.

독립 출판사를 차리면 장점이 많다. 어떠한 형태의 책이든, 어떤 분량의 책이든, 어떤 내용의 책이든 남 눈치 보지 않고 출간할 수 있다. 책 한 권 내자고 출판사를 차리면 곤란하지만, 자신만의, 또는 자신이 원하는 책을 다량으로 내고 싶다면 고려해볼 수도 있다. 물론 수익 면에서도 이익의 대부분을 소유할 수가 있으니, 다른 출판사에서 책을 내서 인세 10퍼센트를 받는 것보다 훨씬 이익이다. 여기까지가 꿈의 이야기이다.

현실 이야기도 해야겠다. 독립 출판사를 차린다는 것은 자신이 원하는 책을 내되, 거의 대부분을 자신의 시간과 품을 팔아 만들어야 한다는 것이다. 책을 만드는 과정부터, 영업, 마케팅 등 온갖 일을 해내야 한다. 기획에서 집필, 제작, 영업, 마케팅, 재무까지 1인 다역을 수행해야만 한다. 물론 요즘은 이를 대행해주는 업체가 있어 부담을 줄일 수 있으나, 그에 따른 추가 비용을 계산해야 한다.

글을 써서 작가가 되려고 했다가 작품은 못 쓰고 출판사를 운영하며 자신의 삶을 소진하는 웃픈 상황이 연출되기도 한다. 그럼에도 수많은 작가들이 독립 출판을 꿈꾸는 것은 기존 출판사가 갖지 못한 새로운 매력을 발견할 수도 있기 때문이다. 소량만 생산하여 따로 서점에 뿌리지 않고 자신과 관련된 특정 서점 한두 군데에서만 판매하는 특화전략도 세울 수 있고, 출판사의 다양한 요구에 응해야 하는 부담 없이 자신의 경제적 능력 안에서 소소한 즐거움을 맛볼 수도 있다. 욕심만 크게 내지 않는다면 적은 비용으로 적당량을 제작하여 적당한 수익을 거두며 다음 작품을 만드는 즐거움도 누릴 수 있다. 당장은 아니더라도 목록이 쌓이고 나름 괜찮은 책을 만들다 보면 역으로 출판사에서 출간하자는 제안도 들어오는 경우가 있어 시간과 노력을 들인다면 품을 팔아 해볼 만한 시도다.

단계별 책 쓰기 실전 노하우

4단계 :
계약하기

자신이 직접 출판하는 독립 출판이 아니라면, 그리고 운 좋게도 자신의 작품을 출간해주겠다는 출판사가 있다면 일단 축하할 만한 일이다. 물론 출판사와 계약을 맺기 전에 사전 면담이나 조율이 필요하지만, 출판사에서 책을 내주겠다고 약속을 했다면, 이제 본격적으로 책을 만드는 단계에 돌입했다고 보면 된다. 하지만 출간된다는 사실에 너무 흥분한 나머지 아무 조건도 따지지 않고 덜컥 계약서에 서명을 하면 나중에 불리한 상황에 처할 수도 있으니 마지막까지 최선을 다하자.

계약 조건을 꼼꼼히 확인하라

과거에는 종이책 출판 관련 사항만 확인하면 되었지만, 요즘에는 전자책 출판, 해외 출판, 저작물에 대한 다양한 이용 등 꼼꼼히 확인해야 할 내용들이 많다. 계약서를 잘못 쓰면 최악의 경우에 소송까지 갈 수 있으니 잘 따져보아야 한다. 소송 이야기에 지레 겁먹지 말기 바란다. 표준 계약서 안에 반드시 들어갈 내용이어서 들어가는 것일 뿐, 정말 최악이 아니라면 소송까지 가는 경우는 거의 없다고 보면 된다. 요즘에는 어느 출판사든 국가에서 요청하는 표준 계약서에 따라 계약서를 작성하기 때문에 어느 한쪽이 불리한 경우는 거의 없다고 보아야 한다.

계약서에 들어가는 항목은 '대한출판문화협회' 홈페이지에 들어가 '서식 및 신청서' 코너에서 '출판권 및 전자출판용 배타적 발행권 설정과 관련된 사용계약서' 양식을 다운받아 읽어보기 바란다.

작가가 신경 쓰고 읽어봐야 할 부분은, 1) 언제까지 완성 원고를 넘겨야 하는지, 2) 원고를 넘기고 얼마 후에 제작이 되는지, 3) 인세(선인세 포함)는 얼마나 되고, 어떤 방식으로 지급되는지, 4) 계약 유효기간은 언제까지인지, 5) 기증본은 몇 권이나 주는지, 작가는 얼마에 구입할 수 있는지, 5) 기타 전자책, 해외 출판, 저작물에 대한 2차 이용 등에 대한 작가의 소유 비율은 얼마인지 등이다.

한마디로 언제까지 원고를 넘겨서, 어떻게, 얼마나 돈을 받을 수 있는지를 따져보아야 한다. 일반적으로 출판사에서 지급하는 선인세는 100만 원 정도, 인세율은 정가의 10퍼센트 정도지만 작가의 지명도나 제작물의 특수성(그림책이거나 삽화가 많이 들어가는 경우, 특수한 제작의 경우 등)을 고려하여 떨어지기도 한다.

혹시 위에서 언급한 기증본이나 작가의 책 구매 비용을 왜 신경 써야 하는지 궁금한 사람이 있을까 봐서 말해두겠다. 초보 작가의 경우에는 자신이 받은 책보다 더 많은 책을 주변에 기증하고 알려야 하는 상황이 발생하는데, 기증본만 무료고, 나머지는 작가라 할지라도 책을 구매해야 하기 때문이다. 어떤 작가는 책이 나와 기쁜 나머지 지인들에게 모두 책 한 권씩을 기증했는데, 자신의 인세보다 더 많은 돈을 지불하기도 했다.

편집자와 충분히 소통하라

계약서를 썼다는 것은 곧 출판사와 운명 공동체가 됨을 의미한다. 계약서상에는 저자가 '갑', 출판사가 '을'로 명시되어 있다. 나의 경우 처음 작품의 출판 계약서를 작성했을 때, 돈을 주는 출판사가 왜 '을'인지 물어본 적이 있다. 그러자 출판사 사장님이 웃으며 출판사는 저작의 저작권을 일정 기간 사서 제작을 하는 것일 뿐이기에 당연히 지적 저작물의 소유권은 저자에게 있다며 '갑'이 저자고 '을'이 출판사라고 대답해주었다.

비록 계약서상에는 저자와 출판사가 갑을 관계로 설정되어 있지만, 저자와 출판사는 공존하고 공생하는 평등한 관계라고 보아야 한다. 계약이 성립되면 저자를 담당하는 책임 편집자와 같이 작업을 하게 되는데, 초보 작가라면 이 편집자와 좋은 관계를 맺는 것이 상책이다. 가장 가까이에서 가장 먼저 작가의 글을 읽고 평가하고, 가장 멋진 책이 나오기 위한 기획과 제작을 이 편집자가 하기 때문이다. 작가가 출판사에게 의뢰할 만한 일이 생길 때 가장 먼저 작가를 챙겨주는 사람도 바로 담당 편

단계별 책 쓰기 실전 노하우

집자다. 작가가 자신의 마음을 털어놓고 의사소통하여 마지막 순간까지 함께해야 할 사람도 바로 이 편집자다.

원고가 책이 될 때까지 작가와 동고동락하며 운명을 같이할 편집자와 좋은 관계를 맺게 되면, 후속 작품을 계획할 때에도 큰 도움이 되고, 잘만 하면 평생을 함께할 지우(知友)가 될 수도 있는 것이다. 유명한 가수 뒤에는 훌륭한 작사가와 작곡가가 있는 것처럼, 오래가는 작가 뒤에는 반드시 그의 작품을 사랑하고 책을 만들고 싶어 하는 편집자가 있다.

5단계 :
책 출간 후

자, 드디어 책이 나왔다. 작가에게 서점에도 채 깔리지 않은 따끈따끈한 신간이 배송된다(나 같은 경우는 배송되는 시간도 아까워 출판사로 달려가 책을 받은 적도 있다). 만약에 손에 쥔 책이 첫 번째 책이라면, 정말 축하한다. 당신은 명실상부한 저자가 된 것이다.

그러면 저자의 역할은 끝난 것인가? 당연히 아니다. 이제부터 본격적인 저자의 활동이 펼쳐진다. 사실 저자가 되기 위해서는 다섯 번의 고비를 넘겨야 한다. 지금이 바로 네 번째 고비이다. 아니, 마지막 고비가 아니라, 네 번째 고비라고? 그러면 다섯 번의 고비는 무엇인가?

작가가 겪는 다섯 번의 고비

- 첫 번째 고비 : '나는 작가다'라는 자의식을 가지고 책을 쓰겠다고 결심하는 고비
- 두 번째 고비 : 어떤 책을 쓸지 정하고 슬럼프가 오더라도 참고 이겨내며 탈고하는 고비
- 세 번째 고비 : 탈고 이후 출간 계약을 맺고 책이 완성될 때까지 출판사와 의사소통하며 수정하고 보완하고 갈고 다듬는 고비
- 네 번째 고비 : 책이 출간되어 물질화되었을 때 그 책을 널리 알리는 고비
- 다섯 번째 고비 : 이전 책의 결과와는 상관없이 다음 책을 쓸 준비를 하고 시작하는 고비

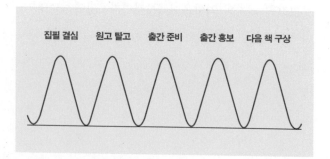

집필 결심　　원고 탈고　　출간 준비　　출간 홍보　　다음 책 구상

우리는 책에서나마 세 번째 고비까지 넘겼다. 지금 넘어야 할 고비는 네 번째 고비이다. 바로 홍보다. 물론 출판사에서는 홍보와 관련된 부서 혹은 책임자를 두고 최선을 다해 홍보할 것이다. 그들은 프로이기 때문에 다양한 방식의 홍보를 기획하고 실행한다. 홍보에서 실패하면 그동안 노력했던 모든 것이 물거품으로 변하기 때문에 출판사가 무엇보다 신경을 쓰는 것이 홍보이고, 책을 제작하는 비용만큼이나 큰 비용을 들여 주력하는 것도 홍보다.

홍보가 잘되면 베스트셀러로 널리 알려질 수도 있지만, 홍보에 실패하여 책이 팔리지 않으면 책은 갑자기 폐지 수준으로 전락할 수도 있다. 그래서 출판사에서는 저자도 홍보에 적극 나서주기를 기대한다. 쓰는 것도 힘들어 죽겠는데, 파는 것까지? 물론 출판사가 저자에게 직접 판매하라고 요구하지는 않는다. 널리 알려달라고 요구할 뿐이다.

홍보에 적극적으로 임하라

일반적으로 책이 나오면 작가는 홍보대사의 역할을 수행해야 한다. 국내 출판사들이 번역 출판물보다 국내 작가의 작품을 선호하는 이유도 바로 홍보와 직결될 수 있기 때문이다. 해외 번역물의 경우, 국내에서도 큰 주목을 받고 성공을 거둔 베스트셀러 작품이 아니라면 저자가 직접 방한해서 책을 홍보하는 경우는 드물다. 그러나 국내 작가의 경우라면 사정이 다르다.

작가는 자신의 책을 다양한 방식으로 홍보할 수 있어야 한다. 가장 일반적으로 저자가 자신의 작품을 홍보하는 방식은 다음과 같다.

1) 출간 기념회
2) 독자와의 만남
3) 강연
4) SNS를 통한 홍보
5) 지인들에게 홍보 의뢰

1)부터 3)까지는 나름 지명도 있는 작가들이 많이 쓰는 방식이다. 책이 나오면 전국을 돌며 독자와의 만남이나 강연을 기획하여 홍보할 수도 있다. 하지만 초보 작가에게는 이러한 기회가 쉽게 주어지지 않는다. 책이 나왔다 하더라도 무명에 가깝기 때문에 저자가 직접 나서서 자신의 책을 홍보해야 한다. 4)나 5)는 초보 저자라도 자신의 네트워크를 이용하여 전파할 수 있는 홍보 방식이다.

요즘 들어서는 책만 홍보해서는 잘 안 모이니까, 공연과 북콘서트를 결합하여 홍보하는 사례나, 유튜브 채널을 이용하여 동영상 자료를 만들어 홍보하는 사례 등 다양한 홍보 전략을 펼치기도 한다. 알라딘이나 예스24 같은 인터넷 서점에서 출판사가 책과 관련된 다양한 사은품을 증정하는 방식으로 홍보하기도 한다.

하루에도 수없이 많은 신간이 쏟아져 나오기 때문에 책의 존재를 노출하는 시간도 그만큼 짧아질 수밖에 없다. 그래서 출간된 후 일주일, 또는 한 달이면 그 책이 얼마나 팔릴지 가늠할 수 있다. 따라서 출판사에서는 책이 나오기 전부터 홍보 전략을 마련하고 단기간에 많은 자원을 쏟아붓는다. 저자 역시 이에 부응하여 출간된 후 몇

달은 자신의 책을 홍보하는 데 전심전력을 기울여야 한다. 책 판매량이 어느 정도 나오는지가 작가의 후속 작업이 가능한지를 판단하는 하나의 기준점이 될 수 있기 때문이다.

자신이 홍보할 수 있는 만큼 최선을 다하면 그 결과가 어찌 되든 후회가 적게 남는다. 작가의 역할은 거기까지이다. 설령 출판사와 작가의 노력이 기대에 미치지 못하는 결과를 낳았다 하더라도, 서로가 능력 안에서 최선을 다했다면 다음을 기약할 수 있다. 첫술에 배부를 수는 없는 법이다.

베스트셀러 작가가 되라는 말이 아니고

한 시기에 베스트셀러 작가가 되기는 하늘의 별따기처럼 어렵다. 따라서 베스트셀러 작가가 되겠다고 마음을 먹고 썼다면 실패할 확률은 아주 높다. 베스트셀러 작품이 항상 좋은 것만은 아니다. 내가 책을 쓸 때 항상 마음에 새기는 말은 '일시적으로 반짝이는 별똥별이 아니라,

오래도록 빛나는 별이 되자'이다. 쉽게 말해 한때 팔리고
마는 베스트셀러를 만들기보다, 오랫동안 팔리는 좋은
책, 즉 스테디셀러를 만들고 싶다.

나는 일확천금을 꿈꾸지 않는다. 내가 평생 로또를 사
지 않는 이유이다. 나는 내가 땀 흘린 만큼만 벌기를 꿈
꾼다. 그러려면 투기가 아니라 투자를 해야 한다. 한 방
이 아니라 여러 방을 때려서 상대방을 눕히고 싶다. 금세
뜨거워지고 금세 차가워지는 냄비가 아니라, 오래도록
온기가 지속되는 화로가 되고 싶다.

계속해서 써야 작가지

책을 쓰는 작가가 된다는 말은, 한 권으로 끝나는 인생이
아니라, 수없이 많은 책을 쓰고 또 쓰는 사람이 된다는
것이다. 첫 책의 결과와 상관없이 그 결과를 그대로 받아
들이고 다음 책을 기획하자. 처음 책의 결과를 가슴에 새
기고, 거기에서 좋은 영양분을 끄집어내어 두 번째 책을
기획하고 쓰는 사람이 바로 작가다. 가슴속에 항상 새로

운 책을 품고 사는 사람이 작가다. 작가의 다섯 번째 고비를 넘는 사람, 그래서 기필코 그다음 책을 써내고야 마는 사람이 바로 작가다. 그래서 사람이 책을 만들고, 책은 다시 사람을 만드는 연쇄 고리의 과정을 끊임없이 창조하는 사람이 바로 작가다.

"나를 죽일 수 없는 것들이 나를 더욱 강하게 만든다"라고 외쳤던 니체의 책에서 차라투스트라가 세상은 영원히 회귀되며, 과거에 일어났던 일이 반복된다고 말하는 상대방을 향해 외쳤다.

"그것이 삶이던가? 좋다. 그렇다면 다시 한번!"

그리하여

작가는 언제나 다시 시작하는 사람이다.

작가는 언제나 책을 쓸 준비가 되어 있는 사람이다.

작가는 지금 책을 쓰고 있는 사람이다.

서울에서 태어나 고양시에 이사 온 지 20년이 넘었다. 고양시로 이사 와서 한 가장 특이한 활동이 농사였다. 농사라고 해봐야 논농사는 아니고 텃밭 가꾸기 정도였지만 농사 한번 지어본 적 없는 서울 촌놈이 농사라는 것을 나이가 들어서 짓게 될 줄은 꿈에도 몰랐다. 농사를 쉽게 봤다가 첫해를 쫄딱 망치고, 두 번째 해에 정식으로 도시 농부 과정을 공부하여 제대로 농사를 짓기 시작했다. 해가 갈수록 농사는 재밌어져서 우리끼리 즐길 것이 아니라 아예 청소년을 위한 도시 농부 학교를 세웠다. 그리고 지금까지 그 활동이 이어지고 있다. 농사를 짓는 과정에서 만난 작가들과 함께 아이들과 농사 활동을 벌인 일들을 기록한 것이 바로 창비에서 나온 『청소년 농부 학교』(2018)다.

봄이 시작되는 춘분에서부터 겨울맞이 김장을 거두는 입동과 소설까지 24절기에 맞춰 책을 구성하고, 각 시기별로 심어야 할 작물과 활동, 시기별로 먹을 수 있는 음식과 요리, 농사와 관련된 생태 지식들을 잘 버무려 세 명의 작가가 공동으로 집필하였다. 농사 활동은 김한수 소설가, 요리와 놀이 활동은 정화진 소설가, 인문 생태적 지식은 내가 집필하고, 청소년 농부 학교에서 찍은 사진들을 곳곳에 배치하여 현장감을 살렸다.

체험과 활동은 아주 좋은 글감이다. 대표적으로는 여행 체험을 다루고 있는 기행기가 있을 것이다. 마르코 폴로의 『동방견문록』이나 박지원의 『열하일기』 등은 불후의 명작에 속한다. 코로나 사태로 잠시 중단되었지만, 얼마 전까지만 하더라도 세계를 여행하며 쓴 여행기들이 서점의 한 칸을 넉넉히 차지하고 있었다.

요즘은 고양이나 개를 키우는 사람들이 그와 관련된 책을 내고 있으며, 요리를 잘하는 사람은 요리책을, 취미 활동을 하다가 전문적 경지에 도달한 사람은 취미 관련 책을, 심지어는 아프거나 특이한 병을 앓고 있는 사람들이 자신의 체험을 녹여 감동적인 책을 내기도 한다. 책의 소재는 종이책에만 있는 것이 아님을 알 수 있다. 책의 가장 풍부한 소재는 바로 세상이라는 책이고, 삶이라는 책이다. 고양시에는 다양한 사람들의 삶을 소개하는 사람도서관 '리드미(ReadMe)'라는 단체도 있다. 삶에서 우러나오는 이야기야말로 가장 감동적인 책이 된다.

삶의 창조자가 되는 법

인간은 언어적 존재다. 인간의 언어는 말과 글로 구성된다. 말은 듣기와 말하기, 글은 읽기와 쓰기다. 우리는 그동안 듣기와 읽기를 중심으로 살았다. 자신의 삶의 주인이 되려면 말하기와 쓰기를 해야 한다. 특히 쓰기는 언어적 행위의 종착점이고 완성점이다. 인간의 언어생활은 쓰기에서 완성된다. 그러면 쓰기의 완성점은 어디인가? 바로 책 쓰기이다.

사람들은 흔히 말한다. "내 이야기를 풀어 쓰면 장편소설 몇 권쯤 나올 것이다." 그렇다. 누구에게나 장편소설 몇 권쯤 되는 이야기가 있다. 문제는 그 이야기를 쓰지 않으면 영원히 사라진다는 것이다. 역사 속 인물을 우리가 어찌 알았는가? 그들의 삶이 기록에 남았기 때문이다. 아니 역사 자체가 기록이 남아 있는 시대에서 시작된다. 기록에 남아 있지 않은 시대를 우리는 선사시대(先史時代)라 한다. 그렇다면 기록이야말로 역사를 가르는 기준점이 된다.

과거의 기록은 모두가 지배자의 기록이었다. 우리 같은 사람들의 이야기는 지배자의 시선에서만 포착된 이야기였다. 보통 사람들은 자신의 기록을 남기지 않았다. 그러한 역사가 보통 사람을 제대로 보지 못하게 만들었고, 그들의 가치를 깎아내렸다. 그러나 이제는 민주주의 시대다. 보통 사람들이 주인인 시대라는 얘기다. 그럼 주인임을 어떻게 증명할 것인가? 보통 사람들이 기록을 남기는 것이다. 남이 평가하는 자신이 아니라 자신이 스스로 자기 가치를 기록하는 일이 바로 글쓰기이며, 그 완성이 책 쓰기이다.

내가 뭐 특별한 게 있다고 책을 쓰냐는 말은 과거 시대의 관점에 사로잡혀 있는 말이다. 민주주의 사회에서는 특별하지 않은 보통 사람들이 자신의 생각을 말하고 써야 한다. 아니 역으로 보통 사람들이 자기 생각을 당당하게 말하고 글로 쓸 수 있을 때 민주주의가 실현된다. 우리의 역사는 우리가 써야 한다. 당신의 역사는? 당연히 당신이 써야 한다.

당신은 삶의 노예가 아니라 주인이다. 노예는 시키는 대로 살지만, 주인은 원하는 대로 산다. 주인을 높여 불러 주인공(主人公)이다. 당신이 비록 어리고, 가난하고, 아는 것이 별로 없더라도 당신이 주인공인 것만은 변함없는 사실이다. 세상에는 남이 시키는 대로 하루하루 살아가는 사람들이 넘쳐난다. 그들 역시 한때는 주인이었으나 이제는 주인임을 포기한 사람이다.

스스로가 자신이 주인임을 포기하지 않는다면, 어떠한 처지에 놓이고 어떠한 상황이 닥쳐와도 당신은 존귀한 주인공이다. 주인공은 자신이 어떠한 존재인지 누구보다 잘 아는 존재이다. 스스로를 잘 알기에 남의 입을 빌리지 않고 스스로 말하는 것이다. 스스로 쓰는 것이다. 남의 평가 따위는 아랑곳하지 않고 스스로 평가하는 것이다. 주인공은 가치의 수혜자가 아니라 가치의 창조자다. 주인공은 앎의 소비자가 아니라 앎의 창조자다. 이 세상에 나 같은 사람은 나밖에 없다고 말하는 사람이다.

그는 유일자이며 단독자이다. 자신을 그 무엇과도 바꾸지 않는 자이다. 이 세상에 그 어느 것으로도 대체 불가능한 존재, 그래서 세상에 유일무이한 존재가 바로 당신이다.

당신의 영혼을 황무지에서 옥토로 바꿀 수 있는 자역시 당신뿐이다. 당신의 영혼에 돌맹이와 잡초만 무성한가? 아니면 온갖 꽃과 열매가 풍성한가? 고대의 현인 소크라테스는 "무엇보다 당신 영혼을 돌보라"라고 말했다. 삶의 시련과 고난, 가난과 어려움, 질병과 고독을 만났을 때, 그것으로도 당신 영혼을 밝힐 수 있다면 당신야말로 진정한 주인공이다.

당신은 이미 작가입니다

당신의 삶을 바꾸는 힘을 당신의 내면에서 찾아야 한다. 스스로 포기하거나 스스로를 버리지 않는 사람, 초라한 집에 살면서도 영혼은 하늘을 덮을 수 있는 사람, 홀로 있더라도 자신을 지켜내고 충실히 삶을 일구는 사람, 그런 사람을 무너뜨릴 수 있는 것은 이 세상에 존재하지 않는다. 맹자는 그런 사람을 '큰 사람(大丈夫)'이라 불렀고, 부처는 '홀로 존재하는 사람(唯我獨尊)'이라 불렀다.

삶의 주인공이 바로 그런 사람이다. 삶의 황무지를 개간하여 옥토로 만드는 사람, 진흙탕 속에서도 연꽃을 피워내는 사람, 늘 새롭게 시도하고 창조하는 사람, 그래서 자신이 주인공임을 스스로 증명해내는 사람, 그리하여 자신 속에 있는 영혼을 환하게 밝히는(明明德) 사람, 그 영혼 환하게 밝아 이웃까지 밝아지고 세상을 평화롭게 하는 사람, 그런 사람을 우리는 기다린다.

심연의 철학자 니체는 인간을 낙타, 사자, 어린이에 비유했다. 낙타는 자신에게 주어진 짐을 묵묵히 지고 가는 자, 삶의 사막에서 결코 벗어나지 못하는 자이다. 사자는 자신을 억누르는 불의에 맞서 거부하는 삶을 사는 자이다. 어린이는 웃는 자, 놀이하는 자, 시도하는 자, 창조자이다. 니체가 되고자 했던 자는 바로 어린이다. 세상을 놀이터로 만드는 자, 무언가를 계속해서 창조하는 자, 시도와 실패를 두려워하지 않고 다시 시작하는 자가 어린이다.

주인공의 마음속에는 항상 어린이가 살고 있다. 새로운 시도를 두려워하지 마라. 실패에 낙담하지 마라. 실패를 통해 시도는 나아간다. 더 나은 실패를 거듭할수록 더 나은 시도를 할 수 있다. 글쓰기 같지 않은가? 새로운 것을 만들어내는 일은 단박에 이루어지지 않는다. 끊임없는 시도와 실패를 통과해야 창조가 시작된다. 시행착오는 창조자의 그림자다. 다시 웃고 시작하는 것이다. 사람들이 비웃는다면, "그것이 삶이던가. 좋다, 그렇다면 다시 한번!"을 외치며 새롭게 주사위를 던지는 것이다. 삶의 창조는 도박이 아니라 놀이다. 웃으며 다시 주사위를 던지는 것이다.

누구나 가슴속에 작가가 산다. 그것은 영혼과 같은 것이다. 그것을 믿을 때 우리 속에 있는 작가는 움직이기 시작한다. 작가는 다름 아닌 바로 당신이다. 기억하는가? 책 쓰기의 첫 번째 고비가 자신이 작가라고 믿느냐이다. 책을 써야 작가가 되는 것이 아니라 작가여야 책을 쓰는 것이다. 작가는 책을 쓰기도 전에 책을 쓰는 자이다. 당신에게는 이미 수많은 책이 있다. 당신 속에 있는 작가를 믿고, 당신의 삶에서 길러낸 자양분을 종자 삼아 당신이 개간한 옥토 위에 생각의 씨를 뿌려라. 성실하게 물을 주고, 거름을 주고, 북돋아주어라. 비바람이 몰아쳐도 자신의 작물을 포기하지 않는 성실한 농부처럼 당신이 뿌려놓은 생각의 씨를 가꾸고 키워라. 그 생각의 씨가 자라나 책이 될 때까지. 책이 된 후에는 거두고, 다시 때

맞춰 생각의 씨를 뿌려라. 그 복된 노동으로 삶을 풍성하
게 하라.

그렇다, 당신은 이미 작가다. 이제 책을 써라.

부록

분량을 정해 글을 쓰는 연습을 할 수 있도록
200자 원고지와 메모가 결합된 작가노트를 추가했다.
하루에 하나씩 쓰면 열흘을 쓸 수 있다.
그리고 적은 분량이라도
작가가 되는 기분을 느껴보기 바란다.
그리고
도전하자!

나만의 책 쓰기를.

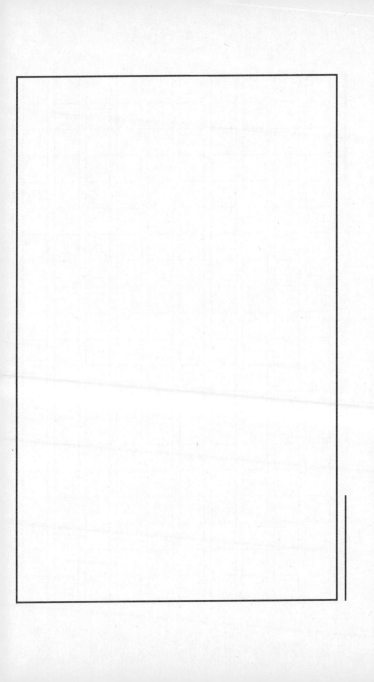

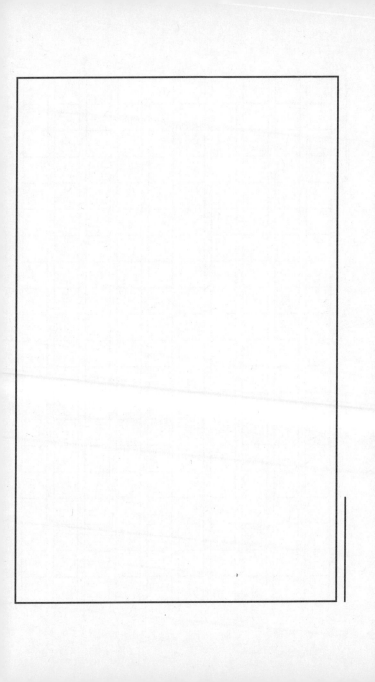

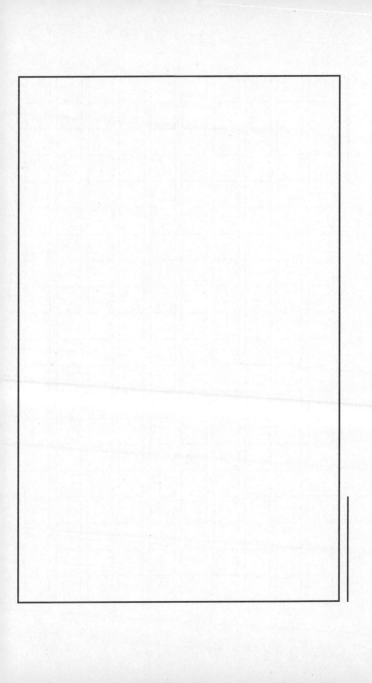

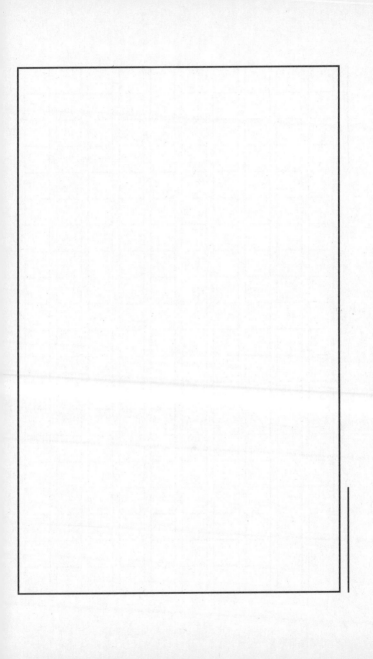

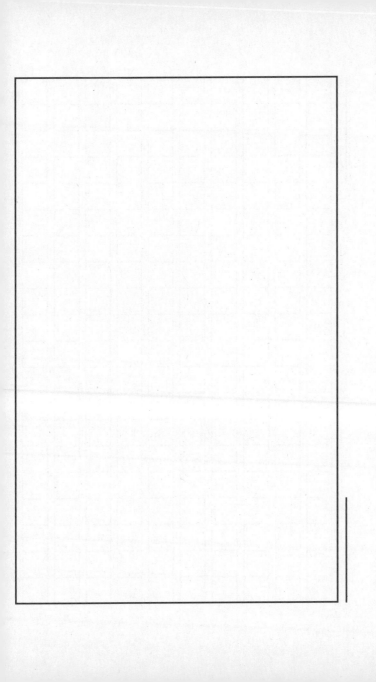

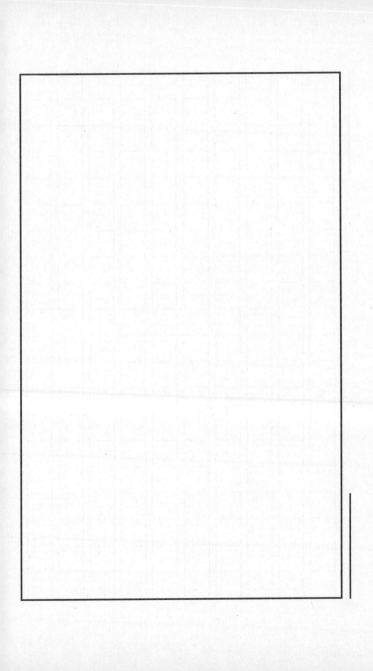

책 쓰는 책

읽기만 하면 누구나 책을 쓸 수 있는

초판 1쇄 인쇄 2020년 11월 2일
초판 1쇄 발행 2020년 11월 15일

지은이 · 김경윤

펴낸이 · 최현선
편집 · 김현경
디자인 · 霖design 김희림
마케팅 · 김하늘
일러스트 · 김일동
제작 · 제이오

펴낸곳 · 오도스 | 출판등록 · 2019년 7월 5일 (제2019-000015호)
주소 · 경기도 시흥시 배곧4로 32-28, 206호 (그랜드프라자)
전화 · 070-7818-4108 | 팩스 · 031-624-3108
이메일 · odospub@daum.net

Copyright ⓒ 2020, 김경윤
저작권자와의 협의에 따라 인지는 생략했습니다.
이 책은 지은이와 오도스의 독점 계약에 의해 출간되었으므로 무단 전재와
무단 복제를 금합니다.
• 책값은 뒤표지에 있습니다.
• 파본은 구입하신 서점에서 교환해드립니다.

ISBN 979-11-968529-3-1(03190)

odos 지성을 살리는 책의 길, 오도스